中国文化产品国际竞争力研究

Research on the International Competitiveness of

CHINESE CULTURAL PRODUCTS

胡 渊——著

中国财经出版传媒集团

经济科学出版社
Economic Science Press

图书在版编目（CIP）数据

中国文化产品国际竞争力研究/胡渊著. --北京：经济科学出版社，2022.9

ISBN 978-7-5218-3991-3

Ⅰ.①中… Ⅱ.①胡… Ⅲ.①文化产品-国际竞争力-研究-中国 Ⅳ.①G124

中国版本图书馆CIP数据核字（2022）第161605号

责任编辑：杨 洋 卢玥丞
责任校对：徐 昕
责任印制：王世伟

中国文化产品国际竞争力研究
胡 渊 著
经济科学出版社出版、发行 新华书店经销
社址：北京市海淀区阜成路甲28号 邮编：100142
总编部电话：010-88191217 发行部电话：010-88191522
网址：www.esp.com.cn
电子邮箱：esp@esp.com.cn
天猫网店：经济科学出版社旗舰店
网址：http://jjkxcbs.tmall.com
北京季蜂印刷有限公司印装
710×1000 16开 13.5印张 210000字
2022年9月第1版 2022年9月第1次印刷
ISBN 978-7-5218-3991-3 定价：49.00元

目　录
CONTENTS

第一章

绪　论

第一节　研究背景

一、文化产业蓬勃发展

随着经济全球化的不断深化和全球文化产业的持续发展，各国经济活动中的文化烙印越来越深刻。目前，世界主要经济体文化产业发展速度普遍高于经济发展速度，文化产业已成为许多国家发展的战略重点①。近年来，中国文化产业总量持续快速增长，占 GDP 的比重日益上升，在推动经济发展、优化经济结构中发挥着越来越重要的作用。据国家统计局数据显示，2019 年全国文化及相关产业增加值为 44363 亿元，比上年增长 7.8%（未扣除价格因素），占 GDP 的比重为 4.5%，比上年提高 0.02 个百分点②。

① “世界主要经济体文化产业发展现状研究”课题组．世界主要经济体文化产业发展状况及特点［J］．调研世界，2014（10）：3－7.

② 文化及相关产业增加值的核算范围包括《文化及相关产业分类（2018）》中规定的全部文化及相关活动。资料来源：国家统计局网站。

中国共产党第十七届六中全会明确提出要推动文化产业发展，使其成为国民经济支柱性产业。2020 年 10 月，党的十九届五中全会审议通过《中共中央关于制定国民经济和社会发展第十四个五年规划和二〇三五年远景目标的建议》明确提出，到 2035 年建成文化强国。预计“十四五”时期，文化产业将在国民经济和社会发展中处于越来越重要的地位。“文化强国”和“文化自信”的提出体现了文化建设已成为中国发展的重要时代课题。

二、文化贸易占全球贸易比重不断提高

随着世界经济的增长，人民生活水平的提高，世界范围内消费结构也不断调整，即由传统物质消费向精神消费转移，消费者不仅追求吃穿住行的物质消费，而且热衷于消费文化产品，由此推动世界范围内文化贸易的兴起与发展。文化贸易作为经济发展的“晴雨表”和价值观念的“传送带”，具有经济和文化双重属性。

随着当前全球经济一体化进程的加剧及世界经济的深度调整，文化贸易已成为全球贸易增长的新引擎。2019 年全球文化产品出口达 2717 亿美元，同期文化产品出口金额占全球总出口金额的 1.49%。2013～2019 年，全球文化产品出口金额年均增长率为 3.17%①。这表明文化贸易在国际贸易中的占比越来越大，已成为国际贸易新的增长点。

① 资料来源：联合国教科文组织网站。

三、全球文化贸易格局不平衡

文化传播的“马太效应”使得全球化下的国际文化贸易与文化多样性之间的融合面临前所未有的挑战。全球化与文化传播单向化相伴而行。2000 年，联合国开发计划署发表的《人文发展报告》称：当今的文化传播失去平衡，呈现出从富国向穷国传播一边倒的趋势。文化传播往往是与经济实力联系在一起的，发达国家和地区一直处于文化传播的中心地位，也居于全球文化贸易的主导地位。全球化加剧了文化传播由发达经济体向落后经济体传递思想和价值观念的现象。世界贸易组织（WTO）谈判中所倡导的“自由贸易”与“文化例外”，表明了处于全球环境中的国际文化贸易并非单纯的经济活动，它更具有对国家认同和文化认同的政治意义。

当前国际文化贸易发展的不平衡，表现为以美国为首的发达国家居于文化贸易市场的主导地位，这使其文化产品和服务内涵中的价值体系和价值观念居于世界的核心地位。当前的国际竞争已经出现了由一般产品竞争转为文化产品竞争的趋势，因此，提升文化产品的国际竞争力就成为落实我国文化产业繁荣与发展战略的重要组成部分。

第二节 研究意义

文化是一个国家生存和发展的精神根基，在全球化浪潮的推动下，经济文化和文化经济化趋势不断加强。在过去的几十年，作为一种新的经济业态，文化产业在经济增长中的作用越来越大。作为一种逆周期性强的产业，文化产业是各国在后危机时代重点发展的战略产业。据 UNESCO 数据显示，全球商品贸易自 2011 年以来一直停滞不前，但最不发达国家的商品贸易甚至在更早时候开始放缓。2004 ~ 2007 年，最不发达国家文化产品出口占全球文化产品出口总额的比重从 0.5% 增加到 0.8%，2017 年又回落至 0.5%，与 2004 年的份额相同①。文化产业在增加收入和就业方面，有着巨大的潜力，同时积极促进了社会包容性、文化多样性和人文发展。研究中国文化产品国际竞争力，不仅可以在理论上扩展文化贸易和国际竞争力的研究内容，研究成果还能为相关政策制定提供有益参考，有助于实现将文化产业打造成为国民经济支柱性产业的国家战略，同时还对中国在经济全球化背景下保持民族文化独立性和国家意识形态大有裨益。

一、理论意义

在全球文化贸易蓬勃发展的现实情况下，以文化贸易为主的理论研究却相对滞后。本书从经典的国际贸易理论、文化贸易价值理论出发，在测度中国文化产品国际竞争力的基础上，探讨中国文化产品国际竞争力的影响因素，这进一步充实了文化产品国际竞争力的研究内容。当前有关文化产业的研究多属于定性研究。本书通过收集各国的电影数据，重点探讨了电影产业的自给率及进口问题，提出如何提高我国电影自给率的对策，推进了我

① 资料来源：UNESCO 报告：The globalization of cultural trade：A shift in consumption——International flows of cultural goods and services 2004 – 2013.

国文化政策体系的研究和发展。

二、现实意义

（一）有利于促进文化产业和文化贸易的发展

第三产业总量不足、比重过低，已成为我国经济结构不合理的一个突出问题。目前，以经济合作与发展组织（OECD）成员方为首的发达国家的第三产业对国内生产总值（GDP）的贡献率已达到 70% 以上，而我国的第三产业对 GDP 的贡献率仅约 50%[①]，这个数字甚至低于相当多的发展中国家的水平。文化贸易作为第三产业的重要组成部分，具有巨大的发展潜力和良好的前景。它的发展不仅能增加第三产业发展的总量，而且还会提升第三产业的内部结构，进而促进我国出口贸易结构和文化产业结构的完善，推动经济结构调整和产业结构的升级。同时，通过对外文化贸易，实现文化商品和文化服务的价值和增值，进一步增加国家外汇收入，扩大国民财富的积累。本书在分析全球文化贸易现状的基础上，基于文化贸易基础理论和价值理论，比较中日韩三国的文化产业竞争力，并分析各国文化产业竞争力的影响因素，为中国提高文化产品竞争力提出建设性的对策和建议，为促进我国文化产业和文化贸易的发展具有非常重要的现实意义。

（二）有助于提高文化贸易政策的科学性和合理性

政策实践表明，我国政府出台的大量促进和规范文化产业和

---

① 资料来源：世界银行数据库。

文化贸易的政策措施，一方面显著推动了我国文化产业和文化贸易的发展，另一方面也暴露出其局限性和制约性。本书在收集相关数据的基础上，利用相关实证研究方法，选取一些政策变量，评估了这些政策对一国文化产品国际竞争力、电影自给率的效应，并提出提高我国文化产品国际竞争力、电影自给率的对策和措施。这对于加强和改进我国文化产业政策的制定和执行、解决我国文化贸易理论发展和实践中的问题、增强我国文化产业和文化贸易政策的科学性和合理性、更加有效推进我国文化贸易的发展，具有重大现实意义。

（三）有助于“文化强国”的建设

当今时代，文化越来越成为民族凝聚力和创造力的重要源泉、越来越成为综合国力竞争的重要因素。一个国家的对外文化贸易，不仅具有经济价值，而且具有对外宣传、传播其意识形态和价值观念、文化理念等功能。当今，美国文化产业的急剧扩张对世界文化市场的主导不仅给自身带来了巨大的贸易收入，而且也把美国的意识形态和文化价值观念推向全球。好莱坞在今天已经不只是一种美国文化产业存在的同义语，实际已成为一种权力，一种文化霸权的存在。我国通过扩大对外文化贸易，能够进一步传播中国的文化理念，宣传中国悠久的历史和灿烂的文化，宣传当今中国改革开放、经济发展、社会进步的新形象，从而吸引更多的国家和贸易伙伴同我国开展经济活动和贸易往来。本书的研究结论为有关部门出台文化强国建设政策措施提供理论支撑。提高中华文化的竞争力，加快文化“走出去”，有助于培养国外消费者对我国文化的理解，传播我国的文化理念，促进世界对我国的了解，树立我国的良好国际形象，早日建成文化强国。

（四）有利于“一带一路”建设

文化交流与沟通是中国与“一带一路”沿线各国开展经贸合作的“润滑剂”与“催化剂”，是实现“一带一路”互联互通的基础。文化交流与沟通有多种形式和渠道，其中文化贸易是可持续性的沟通渠道。本书的研究有助于中国扩大对“一带一路”国家文化产品出口，增加“一带一路”国家对中国文化的理解和认同，助推“一带一路”文化传播战略成功实施。有效的“一带一路”文化传播战略，将促进政治互信和经贸交往，从而推进中国“一带一路”倡议成功实施。

第三节 相关概念界定

一、文化产业

文化产业是伴随着第三次科技革命发展逐渐兴起的新兴产业，国外“文化产业”一词最早出现于《文化工业：作为大众欺骗的启蒙》一文中，阿多诺和霍克海默（Adono and Horkheimer，1944）在该文中对“文化产业”展开了论述，但未对文化产业进行明确界定。

英国曼彻斯特大学文化研究所执行主任贾斯廷·奥康纳认为：“文化产业是指以经营符号性商品为主的那些活动，这些商品的基本经济价值源自它们的文化价值；它首先包括了我们称之为‘传统的’文化产业——广播、电视、出版、唱片、设计、建筑、新媒体——和‘传统艺术’——视觉艺术、手工艺、剧院、音乐厅、音乐会、演出、博物馆和画廊。”①

艾伦·斯科特将文化产业定义为生产和提供各种精神产品及服务，以满足人们的休闲娱乐、教育、特殊消费嗜好、社会展示等文化需求的集合。

澳大利亚经济学教授大卫·索斯比在《经济与文化》一书中用一个同心圆来界定文化产业的行业范畴：创造性的艺术（如音乐、文学、视觉艺术等）处于这一同心圆的核心，并向外辐射；环绕这一核心的是那些既具有上述文化产业的特征同时也生产其他非文化性商品与服务的行业（如电视、广播、书籍等）；处于这一同心圆最外围的则是那些具有文化内容的行业（如建筑、广告）。

根据国家统计局《文化及相关产业分类2018》，文化产业是指为社会公众提供文化产品和文化相关产品的生产活动的集合，包括新闻出版发行服务、广播电视电影服务、文化艺术服务、文化信息传输服务、文化创意和设计服务、文化休闲娱乐服务这几类。

虽然各国对文化产业概念界定不同，但是其本质是不变的。文化产业是一个由多个行业门类构成的复合产业，并不是单一产业门类，包括文艺演出、电影、广播电视、新闻出版等多个细分行业。细分行业的划分随着技术变迁和产业生命周期变化而变化。文化产业是一个特殊的产业，是一个低耗能，高附加值的知识密集型产业，文化是文化产业的基础和内容。

二、文化产品

文化产品是指由本质上无形并具有文化含量的创意内容进行

① 海江，谭翔涛．对文化产业概念的辨析［J］．学术探索，2005（2）．

创作、生产，并使之商业化的产业活动所提供文化商品和服务，具体包括出版传媒产品、影视产品、工艺品和设计，以及艺术表演和其他文化活动等。

联合国教科文组织（United Nations Educational, Scientific and Cultural Organization, UNESCO）将文化定义为某一社会或社会群体所具有的一整套独特的精神、物质、智力和情感特征，除了艺术和文学以外，它还包含生活方式、聚居方式、价值体系、传统和信仰。尽管我们通常无法直接测量这些信念和价值观，但我们却可以测量与之相关的行为和做法。有鉴于此，《联合国教科文组织文化统计框架》采取的方法是：先确定并测量上述那些源自某个社会或社会群体的信念和价值观的行为和做法，然后再通过这些行为和做法来定义文化。《联合国教科文组织文化统计框架》对文化产品（cultural goods）的定义是传递思想、符号和生活方式的消费品，比如书籍、杂志、多媒体产品、软件、唱片、电影、视频、音像节目、手工艺品和时装。具体如表 1－1 所示。

表 1－1　2009 年《UNESCO 文化统计框架》文化产品的 6 个领域

编号	文化产品	具体描述
A	文化和自然遗产	古董
B	表演和庆祝活动	乐器，录制媒介
C	视觉艺术和手工艺	绘画，其他视觉艺术，手工艺，首饰，摄影
D	书籍和报刊	书籍、报纸、其他印刷品
E	音像和交互媒体	电影和视频
F	设计和创意服务	建筑和设计

（一）文化和自然遗产（A 领域）

文化和自然遗产领域包含下列活动：博物馆、考古和历史遗迹（包括考古遗址和建筑物）、文化景观和自然遗产。

文化遗产包括历史文物、纪念馆、建筑群和遗址，它们具有象征价值、历史价值、艺术价值、审美价值、人种学或人类学价值、科学价值和社会价值等多元化价值。

文化景观是人与自然共同的杰作，它们传达的是人类与自然环境之间长期的密切联系（UNESCO，2007）。

自然遗产的内容包括自然地貌、地理和地形构造，为濒危动植物开辟的保护区域，以及具有科学价值、保护价值或天然审美价值的自然区域。它包括自然公园和保护区、动物园、水族馆和植物园（UNESCO，1972）。

跟文化和自然遗产相关的活动包括与具有历史、审美、科学、环境和社会意义的遗址和收藏品相关的管理活动。博物馆和图书馆里进行的保存和归档工作也属于这一范畴。

据国际博物馆协会（International Council of Museums，ICOM），博物馆被定义为一个“以研究、教育、欣赏为目的而获取、保护、研究、传播和展览人类的物质和非物质遗产以及环境的，为社会及其发展服务的，向大众开放的、非盈利的永久性机构”。该领域还包含其他形式的博物馆，其中包括“活的博物馆”，即包括仍然在社区仪式或宗教活动中被使用的物品，还有虚拟博物馆，即以 CD 或网站形式呈现的博物馆。

（二）表演和庆祝活动（B 领域）

表演和庆祝活动包含所有形式的现场文化活动。艺术表演既包括专业的活动，又包括业余的活动，如戏剧、舞蹈、歌剧和木偶戏等。它还包括节日、盛会和庙会等地区性或非正式性的文化庆祝活动。

所有形式的音乐都属于音乐这一领域。因此，它包括现场的或者是录制的音乐演出、音乐创作、音乐录制、数字音乐（含下载和上传活动）和乐器。

（三）视觉艺术和手工艺（C 领域）

视觉艺术的重点在于创作，它们具有形象化的本质。它们能够以多种形式吸引人们的视觉。但是一些当代的视觉艺术，如“虚拟艺术”，可能包括多领域的艺术形式，本书将这些艺术形式归入 E 领域，即音像和交互媒体。

视觉艺术和手工艺领域包括绘画和雕刻等美术创作，以及手工艺和摄影。商业艺术馆等展览这些作品的商业场所也被归入这一领域。

文化统计框架采用了国际贸易中心（international trade center，ITC）和联合国教科文组织对手工艺或手工艺产品的定义，即“由手工艺者生产的产品，无论它们是纯手工制作，还是借助于工具或是借助于机械的手段，只要直接的手工劳动对最终产品的贡献是最重要的部分。手工艺品的特殊性源于它们的区别性特征：如实用性、审美性、艺术性、创造性、附属于文化、装饰、功能、传统、具有宗教和社会象征意义等”（UNESCO & ITC，1997）。

根据使用材料的不同，联合国教科文组织（UNESCO & ITC，1997）划分了六大类手工艺品：篮筐/柳条制品/植物纤维制品；皮具；金属器皿；陶器；纺织品和木制品。还指出了一些补充类别，包括手工艺品生产中某个地区独有的、稀少的，或是很难利用的材料，如石头、玻璃、象牙、骨头、贝壳、珍珠母等。如果同时使用不同的材料和技术，则将其归入其他类别，包括装饰品、珠宝、乐器、玩具和艺术作品。虽然许多手工艺品已经投入工业化生产，本书还是把这些具有传统特征（图案、设计、技术或者材料）的产品作为文化统计框架的一部分。当代手工艺并未包含在视觉艺术和手工艺中，而是归入了F领域，即设计和创意服务领域。

（四）书籍和报刊（D领域）

本范畴包括书籍、报纸和期刊等各种形式的出版物。本框架采用的分类与1986年的文化统计框架相同，但包括了电子或虚拟的出版形式，如网络报纸、电子书及书籍和报刊材料的数字化发行。实体或虚拟图书馆及图书博览会均被归入了这一领域。

正常情况下，文化分类系统或文化产业的定义中并不包含印刷业，而且它本身也不属于文化活动。然而，根据生产周期模型来看，应当把印刷业作为出版业的生产职能的一部分。因此，文化统计框架包含了那些主要用于文化目的的印刷工作。但是，当试图用现有的统计分类系统分离出这些印刷活动时，却碰到了难题。通常，跟出版业相关的印刷工作被当作出版业的一项生产职能归入书籍和报刊领域，而其他印刷工作（印刷商业供应目录或者“快速”印刷）则被排除在外。文化统计框架建议将这些相关的印刷工作归入装备和辅助材料领域。

（五）音像和交互媒体（E领域）

本领域的核心组成部分包括电台和电视广播（包括互联网直播）、电影和视频及交互媒体。交互媒体涵盖了电子游戏和一些主要通过网络或计算机实现的新型文化表现形式，包括网络游戏、门户网站，以及跟社交网络相关的（如Facebook网站）和网络播放相关的（如YouTube网站）活动网站。然而，互联网软件和计算机被认为是生产交互媒体内容的基础设施或工具，因此应该把它们归入装备和辅助材料这一横向领域。

交互媒体和软件是两大重要的活动领域。虽然许多交互媒体的产品和服务都可以用于文化目的（计算机和视频游戏、交互式网络和移动内容），但却不能说软件产业也同样是这样。文化统计框架将交互媒体看作音像和交互媒体领域的一部分。实际上，这还要取决于所采用的分类系统将交互媒体同主流软件和通信活动截然分开的能力。借助产品总分类（CPC），可以确定部分（而非全部）交互媒体活动。当产品总分类或其他分类系统都无法确定这些活动的时候，就应该把它们归入装备和辅助材料这一横向领域。

当存在以下任何一种情况时，可以认定交互媒体具有交互性：（1）当两个或两个以上的对象产生相互作用时；（2）当用户可以针对某一对象或环境进行修改时（用户玩电子游戏）；（3）当交互媒体包含用户的积极参与时；（4）当存在双向作用而非单向作用或简单的因果关系时（Canadian Heritage，2008）。电子游戏及其开发（软件设计）也表现为交互性活动，因此也包含在这一范畴内。

（六）设计和创意服务（F 领域）

1986 年的文化统计框架（UNESCO，1986）中没有设计和创意服务领域。该领域涵盖对物体、建筑和景观进行创意、艺术和审美设计所产生的活动、产品和服务。该领域仅有很少部分以产品形式存在。在海关统计中，该领域仅有一个 HS 号码（490600）。

该领域包括时装设计、平面造型设计和室内设计、园林设计、建筑服务和广告服务。建筑业和广告业所提供的服务是文化领域的核心组成部分。建筑和广告服务的首要目的是向其终端产品提供创意服务或中间投入，但这些终端产品并不都属于文化范畴。例如，创意广告服务的终端产品可能是一则商业广告。商业广告本身并不是文化产品，但却是由某些创意活动产生的。为了避免重复计算，本书决定将某些设计活动归入 F 领域之外的其他领域。例如，所有属于文化遗产的建筑物都被归入了 A 领域，即文化和自然遗产领域，而交互媒体内容的设计则归入了 E 领域，即音像和交互媒体领域。

三、文化贸易

所有属于文化产业的商品和服务在国际市场上的交换均为文化贸易。文化贸易的内涵即以文化产业为基础，以文化产品为交易对象，不同经济体之间进行的贸易，既包括有形商品—文化商品和无形商品—文化服务。它是对外贸易中的一个重要组成部分，其贸易状况也是对某个国家或文化产业发展状况的重要反映。大力发展文化产业和文化贸易已经成为我国促进经济发展的一大新举措。文化贸易既包括文化产品贸易和文化服务贸易，其产业基础是文化产业，其内容包括新闻出版业、广播电视电影服务业、文化艺术服务业等众多相关产业。凡是属于文化产业的商品和服务贸易均为文化贸易。对于文化贸易和文化产业概念的界定，目前尚没有形成统一定义。各国在文化产业实践中往往根据本国经济与社会需要的基本情况，给出不同的文化产业的概念和行业划分。

国际服务贸易是文化服务跨越国界的贸易活动。贸易一方的生产者为了获得经济利益而向他国消费者提供文化服务的过程称为文化服务出口或文化服务输出，购买外方文化服务的过程称为文化产品进口或文化服务输入。服务业是经济的基本形态，而且是未来经济的主流形态。国际文化服务贸易是国际服务贸易的重要组成部分之一。国际文化服务贸易作为一种迅速扩张的新兴服务贸易形式，正在国际市场发挥着越来越重要的作用。

国际上较权威的解释来自联合国教科文组织，其对文化贸易做出以下界定：文化贸易可被定义为能够传达文化内容的有形产品和无形产品的贸易活动。文化贸易的交易对象是文化产品。文化产品一般是指传播思想、符号和生活方式的消费品，能够提供信息和娱乐，进而形成群体认同并影响文化行为。给予个人和集体创作的文化商品在产业化和在世界范畴被销售的过程中，被不断复制并附加了新的价值。图书、杂志、多媒体产品、软件、录音机、电影、录像机、试听节目、手工艺品和时装设计组成了多种多样的文化商品。文化产品既可以以商品的形式存在，也能以服务的形式存在。即文化产品可分为文化商品和文化服务。传统意义上讲，文化贸易是指满足人们文化兴趣和需要的行为，这种行为通常不以货物的形式出现，它是指政府、私人机构和半公共机构为文化事件提供的各种各样的文化支持。这种文化支持包括举行各种演出、组织文化活动、推广文化信息及文化产品的收藏（如图书馆、文献资料中心和博物馆）等。

（一）文化产品的国际流动

海关协调制度对产品进行分类的依据是其可见的物理特性，而不是依据国家特有内容成分、文化价值或其他类似的标准。它只能统计有形产品出入国境申报时的数据。所以，需要将产品数据和服务数据结合起来才能更加全面地反映文化流动情况。本书末尾附件 1 中列出了与国际流动相关的代码。协调制度的代码与第四次修订版的国际贸易标准分类（SITC 4）中的代码是联系在一起的。SITC 的分类相对比较粗略，但在更多国家的海关统计工作中得到了普遍运用。尽管如此，有的文化领域还是很难用海关提供的数据来测量。

电影业的数据尤其值得注意，因为它向海关报告的价值通常指原片，而不包括版权的价值。所以，以上数据还需要利用知识产权流动数据加以补充，这些流动数据可以从知识产权协会收集的服务数据中得到（具体分类见附件 1《2009 年联合国教科文组织文化统计框架》。根据《2009 年联合国教科文组织文化统计框架》)，本书所研究的文化产品的范围具体包含古董、乐器、录制媒介、绘画、其他视觉艺术、手工艺、首饰、摄影、书籍、报纸、其他印刷品、电影和视频、建筑和设计几部分，相应的 2007 年协调制度代码为 970500、970600、830610、920110、920120、920190、920210、920290、920510、920590、920600、920710、920790、920810、920890、852321、852329、852351、852359、852380、490400、970110、970190、491191、970200、970300、392640、442010、442090、691310、691390、701890、830621、830629、960110、960190、580500、580610、580620、580631、580632、580639、580640、580810、580890、580900、581010、581091、581092、581099、581100、600240、600290、600310、600320、600330、600340、600390、600410、600490、711311、711319、711320、711411、711419、711420、711610、711620、370510、370590、490110、490191、490199、490210、490290、

490300、490591、490510、490599、490900、491000、370610、370690、950410、490600。

（二）文化服务的国际流动

文化服务贸易的数据应该按照扩大的国际收支服务分类和第六版国际收支手册（BPM6）（IMF，2008）的最新分类方法进行编制，这种分类法也是用 CPC2 对不同服务进行分类。

在《国际服务贸易统计手册》（UN，2002）的修订过程中，扩大的国际收支服务分类方法也会随之发生变化。

国际收支服务主要与跨国提供服务相关，在这一过程中，服务提供者和消费者还是在各自的国家里，只是服务在跨国流动。

跟其他国际分类一样，扩大的国际收支服务分类也没有将文化列为一个单独的类别。此外，文化服务似乎只是一个非法定的附加项目，没有得到系统的收集。UNESCO 表示，希望在 2010 年该分类系统得到修订之后能够更好地衡量文化服务。

大多数的旅游业文化服务数据都被纳入了旅行部分，只针对国际游客。旅行的贷方是指作为非常住居民的旅行者，在其访问一个经济体期间自己消费，或者带出这个经济体的产品和服务；旅行的借方是指作为常住居民的旅行者，在其访问其他经济体期间自己消费，或者从这个经济体带出来的产品和服务。扩大的国际收支服务分类将旅行分为公务旅行和私人旅行。私人旅行类别下的文化旅游大多“包含个人非因公出国（如休假、参加娱乐和文化活动、探亲访友和朝圣）所获得的产品和服务”（IMF，2008）。

第四节　文化贸易研究进展

近年来，全球文化产品贸易快速发展，日益受到各国政府的重视和大力支持，也吸引了全世界各个领域的众多学者对文化产品贸易影响因素及其影响程度的研究。

文化产业和文化贸易研究虽然经历了数十年，但尚处于初级阶段，国内外文化贸易研究多以经济贸易理论、产业区位理论、文化偏好理论、“文化例外”理论、文化传播等相关经济学、管理学和文学理论为基础，对文化贸易的内涵、效用、驱动因素等方面进行了大量的研究。但现有研究多为定性研究，对文化贸易驱动因素揭示还不够全面，研究缺乏系统性和综合性，文化贸易还没有形成完整的理论体系。

一、文化贸易研究阶段

文化贸易研究与文化产业的研究密不可分。20 世纪 80 年代，一些发达国家的文化产业已初具规模，国际文化贸易日益频繁，文化贸易也引起了学者关注。此后，文化产业及文化贸易研究变得活跃起来，弗雷（Frey，1987）率先提出了文化贸易的概念。国际范围内的文化贸易研究大致可以划分为以下三个阶段。

（一）文化贸易研究的起步阶段（1987～2000 年）

在这一阶段，世界市场对文化产品和服务的需求相对较少，西方学者主要对文化贸易内涵和适用理论展开研究。斯维克（Siweek，1987）指出文化贸易主要指文化产品的贸易；霍斯金斯（Hoskins，1988）提出在文化贸易过程中会出现文化折扣；霍斯金斯和麦克法迪恩（Hoskins and Macfadyen，1995）运用竞争优势理论对文化贸易进行了研究；马丁（Martin，1999）将文化贸易划分为软件贸易和硬件贸易；马斯科莱尔（Mascolell，1999）指出，在一定程度上可以将传统贸易理论中的比较优势理论运用到文化贸易领域，如英国、西班牙等国可以运用自身艺术品市场优势发展文化贸易；舒尔策（Schulze，1999）研究了新贸易理论中的规模经济和非完全市场竞争对文化贸易的适用性。

国内对于文化贸易的相关研究较晚，20 世纪 90 年代初才相继在一些新闻报道和会议、论坛中出现对文化产业和文化贸易的相关阐述。

（二）文化贸易理论的形成阶段（2001～2009 年）

随着世界经济进入持续发展阶段，国际贸易秩序日趋合理，国外学者主要对文化贸易驱动因素及效用进行了大量研究。马尔瓦斯蒂（Marvasti，2005）等发现，语言、教育和宗教等因素影响了美国文化贸易；迪斯迪尔（Disdier，2010）指出，在文化贸易过程中会出现“文化例外”现象；西尔维奥和蒂埃里（Silvio and Thierry，2007）通过研究发现，近几十年来国际文化商品交易增长迅速，其中文化自由化发挥了重要的作用；辛格（Singh，1988）发现，文化贸易是发展中国家扩大政治影响和促进经济发展的重要手段；汉森（Hanson，2011）通过研究发现，贸易政策和信息服务是影响美国电影贸易的主要因素。针对文化贸易自身的产品特征，双边文化贸易存在显著的“文化折扣”现象，即文化差异不仅会显著增加一国贸易成本，而且对文化产品需求往往会产生显著的负向冲击（Felbermayr and Toubal，2010）。因此，文化差异较小即双边文化接近，不仅能够对贸易总量产生积极影响，降低贸易中沟通成本及信息成本，同时也有利于文化出口品质的提升。已有研究中，文化贸易“理性成瘾理论”、林德尔效应等均表明，相较其他贸易产品，文化产品的需求实现主要是通过在消费中学习和理性成瘾，使得产品更易受到消费者的偏好，进而带动出口品质的提升（Oh，2001）。

自2001年中国加入世界贸易组织以来，国内开始重视文化产业的发展。面对经济全球化背景下全球文化产品贸易的蓬勃发展和中国核心文化贸易严重逆差的状况，21世纪初，国内学者从文化贸易现状、存在的问题几个角度开始了对中国文化发展战略和文化贸易发展状况的研究。

（三）文化贸易政策研究强化阶段（2010年至今）

由于美国、日本、德国等主要文化贸易国家文化产品和服务出口在国际市场占据主导地位，对其他国家和地区产生了诸多不利影响，国外学者在注重文化驱动因素实证研究的同时，更加强调文化贸易保护政策研究。楚师尔（Chu - Shore，2011）指出，文化贸易自由会造成文化同质化，应限制文化贸易自由政策，保护本土文化产品；费尔南多（Fernando，2012）通过发达国家和发展中国家文化贸易对比分析认为，美国等发达国家由于具有经济和科技优势，文化产品在国际市场上具有较强的竞争力，在一定程度上会制约一些弱小国家文化产业发展，为了保护文化的多样性，这些国家应采取文化贸易保护政策；玛丽亚（Maria，2014）通过对美国电影和音乐贸易线性和非线性研究得出，经济发展影响文化产品进口来源的多样化。

国内学者也日益意识到中国文化产品贸易存在的问题，并提出相应的对策建议。中国文化产品仍以工艺品和首饰等传统的劳动力密集型产品加工出口为主，附加值较低，处于全球文化价值链低端（杨连星，2016）。周升起等（2019）研究发现，供给视角下，良好的经济发展水平、充足的文化要素投入和日益完备的文化基础设施建设有利于中国文化产品出口，而在需求视角下，贸易对象国良好的经济、科技发展水平和贸易环境有利于中国文化产品出口。刘绍坚（2020）以博物馆为例，研究发现网络数字技术发展是提升文化贸易水平的重要因素。

二、文化贸易研究综述

（一）文化贸易的效应研究

文化贸易作为人类社会、经济与一定地域、自然环境的综合系统，随着全球经济一体化不断加强，已成为国际贸易的重要组成部分，其基础性、战略性地位及其所带来的经济、社会、区域产业发展、城市结构调整等影响也日益凸显。随着全球范围内文化贸易的发展及其所带来的深远影响，越来越多的国家和地区开始重视文化的作用。许多学者对文化产业、文化贸易，以及文化与文化贸易之间的关系展开了深入研究。

（1）文化贸易对促进国家和地区经济发展，传播本国文化，扩大本国文化影响力有重要的推进作用。卢尔和享德里克·范登·伯格（Lewer and Hendrik Vanden Berg，1990）在总结大量文献的基础上指出，文化贸易有利于促进国家经济增长；亚蒂斯·亚贝巴（Addis Ababa，1995）指出，文化贸易可以提高人们的生活水平，促进本国经济发展，塑造国家形象及提高本国政治地位；康博（Combo，2013）认为，文化产品及文化产业对欧洲文化体系的建立具有重要的推动作用，而文化贸易促使欧洲各国公民形成统一的文化价值观并加速了欧洲一体化进程。

（2）文化贸易有助于加强与其他国家文化交流、丰富本国文化内涵，提高国家综合竞争力。弗朗西斯·福山（Francis Fukuyama，1992）认为，全球一体化趋势使得各国间的政治、经济联系日益密切，文化将成为国家重要的竞争力；马尔瓦斯蒂（Marvasti，1994）通过对国际文化贸易的实证研究发现，一些大国如美国通过影视、音乐、图书和期刊等文化产品的出口，间接影响其他国家政治；约瑟夫（Joseph，2004）研究发现，除了政治、经济、军事等因素，作为国家“软实力”的文化对美国取得国际地位起到了重大作用；发展中国家可以通过扩大文化产品和服务出口提高自身“软实力”，进而达到提高国家竞争力的目的；珍巴（Janeba，2004）指出，提升国家文化产品及文化服务质量是扩大国家影响力的重要投入。上述学者普遍认为文化及文化贸易作为“软实力”是国家综合竞争力的重要组成部分，却没有回答这一软实力具体是如何发挥作用的，以及发挥了多大的作用。

（3）文化贸易能够为服务业、制造业、农业等产业提供丰富的文化附加值，增加就业岗位和社会财富。麦尔库克（Myercough，1988）在阐述了文化产业对就业和经济的影响的基础上，具体分析了文化贸易的作用：增加当地就业岗位、增加社会财富和经济收入；劳克和特林达迪（Rauch and Trindade，2009）指出，与其他贸易相比，文化贸易能够为本国消费者带来更多的福利；劳克等（Rauch et al.，2009）通过分析文化产品消费的特征，发现文化贸易在短期内可以增加输入国的社会福利，但是长期来看会给输出国带来丰厚利益。一些学者从文化产业角度切入，回答了文化贸易对就业和经济的影响；还有一些学者从从业者、消费者及社会福利角度，具体分析了文化贸易产生的广泛影响，包括文化贸易对输入国和输出国社会福利的影响。

（4）文化贸易对城市内部空间布局及城市结构调整起到重要的作用。罗默（Romer，1989），格罗斯曼（Grossman，1993）强调，当前形成的文化产品思想会影响到未来文化产品的生产及文化产业在城市空间中的布局；弗兰克（Frank，1992）认为，文化产业在地理位置上的集聚，能够产生集聚效应从而形成外部规模经济，带来知识技能溢出效应和学习效应，形成新的工业地带，可能对未来城市结构的调整产生影响；舒尔策（Schulze，1999）指出，规模经济适用于文化产品生产过程，厂商通过专业化分工调整产业结构，最终达到降低生产成本获得更高利润的目的；多米尼克（Dominic，2003）通过对北欧文化跨国公司企业行为研究发现，文化产业在城市中呈现出集聚趋势，城市空间结构将成为文化产业发展的重要影响因素。已有研究涉及文化贸易对城市结构和布局的影响，但这些研究主要从经济学角度阐述了文化贸易对城市存在影响，还没有从城市的角度展开深入研究，文化贸易对城市影响的研究尚处于萌芽阶段。

（二）文化贸易的驱动因素

国内外学者采用定性和定量方法对文化贸易及文化贸易的影响因素进行了大量的研究。一些学者基于传统贸易理论，通过分析文化贸易过程中各要素间的相互关系，对文化贸易影响因素进行了研究；还有学者研究了文化贸易理论及其他因素对文化贸易的影响。其中经济学家通过对文化商品贸易决定因素的研究，验证了共同语言、经济规模、地理距离、国家邻接、殖民联系、优惠贸易政策、人均收入等因素对双边文化商品贸易的影响并指出有相同文化背景或需求的国家更容易进行文化贸易，文化贸易极大地推动了国际贸易发展。

（1）文化距离对文化贸易的影响。赫尔南（Hernan，1999）指出，文化距离包括语言障碍、视觉习惯与风格偏好；科古特和辛格（Kogut and Singh，1988）提出文化距离综合指数，认为文化距离越小"文化折扣"也就越低；但也有学者持相反观点，如林德斯（Linders，2005）等认为，文化距离越远，贸易额越大，因为进口国不需要进口内容相同的文化产品。斯科茨（Scotts，2007）运用引力模型对 49 个主要贸易国的文化艺术贸易展开研究，并分析了地理距离、共同语言、相邻边境及 GDP 总量对双边文化艺术品贸易的影响，指出文化交流会促进文化贸易发展，而地理距离会阻碍文化贸易发展。迪斯迪尔（Disdier，2010）运用定量方法研究了国际贸易的影响因素，指出在不考虑制度因素的情况下，文化距离对国际贸易起阻碍作用。但是考虑制度因素后，文化距离对国际贸易起促进作用，即文化距离越大，国家之间的贸易量越大。费雷拉（Ferreira，2012）指出，地理距离、语言等因素影响文化贸易。迪斯迪尔等（Disdier et al.，2015）运用引力模型部分证明了斯科茨（Scotts，2007）观点，即文化贸易更倾向于在短距离之间进行，文化产品贸易量与地理距离成反比。麦卡勒姆（McCallum，2016）指出，在一定的经济规模和地理距离条件下，两国间贸易量要小于国家内部两个地区之间的贸易量。阳群（2019）从交易成本、消费者选择及产品结构等视角出发，研究了文化距离对中国文化产品出口的影响机制，认为文化距离对于文化产品出口有着负向影响。周略韬（2021）基于

Feder 模型分析发现文化距离对文化创意产业出口贸易有影响作用且文化距离会间接影响经济增长。

学术界有关文化距离对文化贸易的影响持有两种截然不同的观点，以科格特和辛格为代表的学者认为文化距离与文化贸易量呈反比，而以林德斯为代表的学者认为文化距离与文化贸易成正比。文化距离对现代文化贸易的影响，总体上以负向影响为主，但在影视贸易、艺术品等方面存在正向影响。

（2）经济因素对文化贸易的影响。怀尔德曼和西维克（Wildman and Siwek，1988）通过对文化贸易中的规模经济效应分析，指出影视类文化产品投资往往考虑到国家规模、富裕程度和语言等；罗杰斯（Rogers，1992）指出，国家经济增长速度与电视节目自给率呈正相关；霍斯金和麦克法迪恩（Hoskin and McFadyen，1995）认为，美国能够占据全球大部分影视市场，大量向海外输出文化产品，主要是其存在规模经济和先动者优势；斯科茨（Scotts，1998）根据国际贸易标准分类，采用 1990～1994 年五年的数据，对 154 个国家 8921、8960 和 8983 三类产品的数据进行计量分析，发现 GDP 总量和 GDP 的开放程度显著影响一个国家的文化艺术品贸易；郑湖（Jeongho，2001）通过对国内外电影占一个国家电影市场份额的研究，指出其所占份额受到电影收入、文化距离、GDP 等因素的影响，语言对其影响不显著；马尔瓦斯蒂和坎特伯里（Marvasti and Canterbery，2005）运用引力模型，验证了美国 1991～1995 年对 33 个国家的动画电影出口，受到语言、教育和宗教等因素的影响；约翰逊（Johnson，2006）指出，多样化的投资主体和市场以及全球范围内吸收文化资源、人才和高新技术，是美国文化产业成功的关键所在。经济因素为主要驱动因素对文化贸易产生了重大的影响，经济越发达则文化产品和服务出口量越大。贾晓朋等（2020）基于人地关系综合体理论，采用世界主要国家贸易数据构建了地理加权回归模型，研究发现，国内生产总值是影响文化贸易的核心因素之一。

（3）政策因素对文化贸易的影响。怀尔德曼和斯维克（Wildman and Siweek，1988）通过对录像制品实际贸易额的实证研究，得出适当的政府干预可以促进一国电影和录像的生产与出口的结论。迈尔（Mayer，2007）指出，制度因素也是影响国际贸易的一个重要因素；金巴德和亚当斯（Goldbard and Adams，1986）等认为，自由贸易政策对美国文化产业领域起到了极大的推动作用，对文化贸易及其重要。罗斯·海德（Roth Kopf，1997）等指出，自由贸易政策对文化贸易及其重要；印度学者慕克吉（Mukherjee，2004）通过实证分析得出，印度应该采用自由的文化贸易政策促进本国文化产业发展。

帕潘德里亚（Papandrea，2010）和伊阿帕德雷（Iapadre，2001）分别通过对澳大利亚、意大利文化产业的研究，指出大量进口文化产品会给该国文化市场带来不利影响，提出通过生产补贴、视听法案、文化例外等措施，对文化产业加以保护。霍斯金斯（Hoskins，1995）基于文化生产大国可以通过规模效益降低成本、获得高额利润，而文化生产小国由于文化产品产量小无法形成规模效益，在文化贸易竞争中处于劣势，提出文化贸易自由政策对文化产品生产小国不适用。

索夫和斯坦法特（Sauve and Steinfatt，2000）指出，文化贸易市场有其固有的弱点和缺陷，应对文化贸易进行限制和保护；马拉帝（Malati，2005）通过研究指出，贸易保护政策促进了美国文化商品的出口；楚师尔（Chu－Shore，2010）基于网络判别同质性方法对全球贸易模式进行了研究，发现很多国家担心文化贸易将导致文化同质化，而限制进口其他国家的文化商品，但实际上不单是文化贸易，其他商品贸易都会导致同质化现象。郤琳琳（2018）从理论角度探讨了政府政策的影响，认为文化贸易特殊性较强，高度依赖政府政策，促进文化贸易需要加大政策扶持力度以及提供专项发展资金。

学者们在有关政策对文化贸易的影响方面主要存在两种观点：文化自由政策与文化保护政策。文化贸易兴起阶段，国外大量学者支持采取文化自由政策；现代文化贸易的深入发展，使许多学者认识到文化贸易尤其是对文化贸易输入国的文化、政治、经济带来诸多不利影响，大量学者普遍认为应采取文化贸易保护政策；随着经济全球化的不断推进，文化贸易自由政策是未来不可逆转的趋势。

（4）文化相似性对文化贸易的影响。瑞典经济学家林德尔（S. B. Linder）在其著作《论贸易的转变》中，率先提出相似偏好理论（林德尔假说），两国收入水平越相似，两国的偏好模式越相似，则两国的贸易量也就越大。邓利维（Dunlevy，2006）指出，使用共同的语言会加大双方文化贸易规模；西尔维奥和蒂里·迈耶基于电影国际贸易影响因素研究指出，文化相似度和国家电影贸易量呈正相关；费尔伯梅和图巴尔（Felbermay and Toubal，2010）采用文化相似性理论，对欧洲流行歌曲比赛得分数据进行实证研究，发现双边文化相似性决定两国的文化贸易程度。国外学者普遍承认文化相似性对文化贸易有积极的影响，并采用文化相似模型测度了文化相似性对文化贸易的影响，但只研究了对文化贸易某些部门的影响，还没有涉及文化贸易整体影响因素。

哈弗里利辛和普里切特（Havrylyshyn and Pritchett，1991）、

哈钦森（Hutchinson，2002）、邓利维（Dunlevy，2006）曾经验证了共享的语言和贸易流量之间具有正向的关系；郭尔（Guor，2004）、诺兰（Noland，2005）指出共同的宗教信仰对交易双方之间的贸易流量具有积极的影响；詹尼斯（Jannice，2008）提出曾经有殖民从属关系的两个国家的历史一定极为相似，并在移民的相互融合过程中产生积极的贸易关系，他还发现制度的相似性可以简化交易进而降低交易成本，进而增加贸易流量；林德塞塔尔（Lindersetal，2005）指出文化距离越大，贸易量越多，即比起在他国直接投资生产而言，企业更倾向于通过出口来服务文化距离远的市场，而詹尼斯（Jannice，2008）则得出文化距离越大，贸易双方的交易成本就越高，就越会阻碍贸易的发展的结论。

（三）文化贸易的研究方法

科古特（Kogut，1955）基于引力模型思想，选用权利距离、男女气质、个人及集体主义、不确定性因素、精神力量 5 个指标，构建文化距离综合指数，用于测度中国与其他国家间的文化距离。斯科茨（Scotts，1999）通过对欧洲艺术产品贸易研究，验证了引力模型适用于文化贸易；迪赛迪（Diserdie，2000）通过在原有引力模型中加入语言、殖民关系等变量，测度了文化距离与文化贸易的关系——文化产品贸易与两国间的文化距离成反比。袁洪飞和吴过（2022）将影响中国文化贸易的因素归类于经济、科技、文化、政治和社会五个维度，并基于引力模型对影响我国文化贸易的因素进行了实证分析。结果表明，GDP 对我国文化贸易具有显著正向影响，出口对象国是否属于亚太经济合作组织（APEC）对文化贸易具有显著正向影响，互联网普及率和地理距离等变量对文化贸易则无显著影响。

钻石模型是在国家竞争优势理论的基础上建立的一种双边贸易分析工具。美国学者迈克尔·波特（Michael E. Porter）在竞争优势思想的基础上，采用市场需求、生产要素、相关服务产业、企业战略与竞争、政策、机会6个因素构建了钻石模型，用于测度一国贸易优势；霍斯金斯和麦克费迪恩在规模经济的基础上提出“先动优势”（first-mover advantage）理论，并通过对国际电视行业的研究，得出提高生产效率、加强经营管理、拓展市场可以帮助文化企业获得竞争优势的结论；马斯科雷尔（Mascolell，1999）指出，竞争优势理论和模型在一定程度上适用于文化艺术品贸易；为克服文化产业发展初期阶段导致文化贸易国际竞争力弱的问题，方慧（2012）在我国文化产业不同的发展阶段，选用不同因素构建钻石模型（动态钻石模型），对我国文化贸易竞争力进行了实证研究。

国内外学者主要运用引力模型、钻石模型等方法对文化贸易展开了研究。引力模型和钻石模型主要为测度国际贸易提出的假设模型，虽然文化贸易研究者对其进行了完善，但现阶段模型要素的选取还没有形成统一的理论支撑，模型对文化贸易的适用性还有待进一步检验。

第二章

文化贸易理论

参考王婧（2021）对文化贸易理论的分类，同时关注文化贸易的经济属性和文化属性，笔者将文化贸易理论分为两个层次：基础理论和价值理论。其中，基础理论由经济学和管理学中的经典理论组成，用以解释文化贸易中的经济属性；价值理论则强调文化贸易中的文化属性，这也是文化贸易区别于一般商品贸易所在。

第一节　文化贸易基础理论

一、比较优势理论

英国古典经济学家亚当·斯密认为在完全竞争市场条件下，一国应专业化生产其具有绝对优势的产品并出口，从他国进口本国生产上不具有绝对优势的产品，此时，贸易双方竞争力源于各国特定的生产技术条件下所具有的绝对优势。按照亚当·斯密的绝对优势理论，当一国（地区）在任何产业都不具备绝对优势的情况下，无法参与到国际贸易中，这显然与国际贸易现实不符。

与亚当·斯密一样，大卫·李嘉图首先论述了专业分工的必要性，其次再将其扩展到国际贸易中，不过大卫·李嘉图的比较优势理论是在亚当·斯密的绝对优势理论上的再升华，也更具普适性。大卫·李嘉图进一步完善了斯密的绝对优势理论，他指出当两国生产技术存在相对差别时，会由此导致产品生产成本上的相对差别，此时两国应权衡相对利弊，选择生产出口各自具有比较优势的产品，尽可能地减少相对劣势带来的损失，使贸易双方均从中获得利益，这种产业间的比较优势是进行国际分工的基础。与亚当·斯密的绝对优势理论不同的是，他认为国际贸易发生的本质是建立在“两利相权取其重，两弊相权取其轻”。

大卫·李嘉图的比较优势理论是国际贸易理论研究中最有价值的发现之一，不仅被视为国际分工和贸易理论研究的起点，还成为国家经济政策制定的依据。大卫·李嘉图提出的比较优势，是一国在内部产业之间进行的对比，这样无论如何，一国总可以找到自己的比较优势，从而参与到国际分工与国际贸易中去。在某种程度上，绝对优势只是比较优势的一种特殊情况，比较优势更具有普遍性。因此比较优势也被称为国际贸易的一般理论。

比较优势理论指出，比较成本差异是国际分工和国际贸易产生的基础，但大卫·李嘉图并没有进一步指出各国比较优势的来源。新古典贸易理论从要素禀赋角度解释了各国间比较优势的来源。赫克歇尔和俄林认为在完全竞争市场和各国生产技术相同的假设下，一国应生产出口密集使用本国丰裕要素的产品，进口密集使用本国稀缺要素的产品，各国的资源禀赋差异成为贸易竞争力的主要来源。

二、规模经济理论

古典贸易理论包括绝对优势论、比较优势论，其中的一个假设是规模收益不变，这与工业化大生产的经济现实不符合。随着规模的扩大，许多产品生产成本会下降，从而产生规模经济收益。所谓规模经济，是指随着生产规模的扩大，产出的增加超过投入的增加，从而使得单位成本下降，收益增加。规模经济可以划分为内部规模经济和外部规模经济。内部规模经济又分为工厂规模经济和企业规模经济，指随着工厂或企业规模扩大而产生规模收益递增的现象。外部规模经济又称产业规模经济，即某一产业内相关企业往往集聚在特定区域，由于较大的产业规模，导致效率提高、成本减少和收益增加。

规模经济的出现将导致完全竞争市场转变为不完全竞争的垄断竞争和寡头垄断竞争市场，这可以解释经济现实中大规模跨国公司和产业集群现象。许多国家之所以进行专业化生产并从事贸易，出于以下原因：第一，根据比较优势，各国生产自己比较擅长的产品；第二，通过规模经济，使得每个国家只能在一些有限的产品和服务上具有专业化生产的优势。这也构成了当代国际分工的两大形式：第一，通过要素禀赋的差异开展国际分工；第二，利用规模经济引起的比较优势差异开展国际分工。这两种形式的国际分工在很大程度上构成了当前全球范围内国际分工的主体。

三、产业内贸易理论

20 世纪 60 年代以来，国际贸易领域出现了许多新现象。一方面，北北贸易超过南北贸易，在全球贸易中居于主导；另一方面，同类产品之间的贸易大幅增长。比较优势在解释发达国家之间的贸易、同类产品之间的贸易方面显得力不从心。产业内贸易是与产业间贸易相对而言的，产业间贸易通常指一个国家既进口又出口同类产品，如日本和美国之间的相互进出口汽车。对于产业内贸易产生的原因主要有以下观点：

（1）产品的异质性是产业内贸易的基础。西方经济学家普遍认为，传统理论假定同一产业部门采用相同生产条件生产出同一产品的假定不符合现实。事实上，即使同一产业部门都只生产同一类产品，同一类产品之间必定也存在差异。同一类产品的异质性意味着其可以满足不同消费者的需求，如日本生产的汽车以节油著称，而美国生产的汽车以宽敞豪华为特点，这便是美国和日本之间相互进出口汽车的原因。

（2）规模经济收益递增是产业内贸易的重要成因。根据新贸易理论，产业内贸易在很大程度上是由规模经济驱动的；根据产品专业化进行国际分工，每个国家可以集中生产某些产品或某些零部件。从一个国家内部来看，虽然自产商品种类减少了，但该国可以集中在某些产品生产上，从而扩大这些产品的生产规模，提高生产效率和降低生产产品，获得国际竞争优势。

（3）较高的经济发展水平是产业内贸易的主要成因。经济学家认为：一方面，一国经济发展水平越高，工艺和技术水平就越高，产业内分工越细化，异质产品的生产规模就越大；另一方面，经济发展水平越高，人均国民收入越高，国民购买能力就越高。当两个国家之间的产业结构和经济发展水平越接近，则两个国家的产业结构和需求结构也越相似，最终促使产业内贸易发展。

四、偏好相似理论

产业内贸易理论是当代西方国际贸易理论中最为重要的理论之一，经济学家除了用规模经济来解释产业内贸易，偏好相似理论也被用来解释产业内贸易。偏好相似理论由瑞典经济学家林德（S. B. Linder）提出，被广泛用来解释“二战”后发达国家之间的贸易。与以往从供给角度解释国际贸易产生的不同，偏好相似理论从需求角度解释国际贸易的产生原因。该理论认为一国的新产品首先是为满足国内需求而生产的，出于利润最大化动机，当国内市场有限时，企业才考虑出口。因此当两国收入水平越接近，两国的需求偏好越相似，两国贸易的可能性就越大。不同收入水平的国家对产品的需求是不一致的，高收入国家一般倾向于技术水平高、加工程度深、价格高的高档消费品，而中低收入国家主要需求一般档次的商品。因此，两国之间人均收入越接近，其需求越相似，两国重合需求会导致两国产业内贸易的扩大。

五、全球价值链理论

全球价值链理论始于20世纪80年代，由哈佛大学教授迈克尔.波特首先提出。波特在其著作《竞争优势》中指出，产业链是由一系列环节组成，包括原材料供应到顾客，它由一系列互不相同又彼此联系的增值活动组成，包括研究开发、设计试验、原材料与设备采购、半成品与成品生产、运输、仓储、营销、售后等诸多环节。每一个环节彼此相关，又创造着各自的行业价值。相互关联的价值创造的各步骤构成了行业价值链。价值链理论认为，在全球化时代，产品从研发、原材料加工到制造不必局限于某一国家，社会分工也不再受地域限制。在跨国公司的主导下，价值链的分解与整合超越国界，形成全球生产的碎片化，并表现出供应链贸易特征。在国际贸易领域表现为，当前60%以上的贸易商品是中间品（Baldwin，2015）。

全球价值链升级从简单过程到复杂过程：过程升级—产品升级—行业升级—链升级，但是这个过程也不是绝对不可改变的。过程升级指通过技术的改善、管理水平的提高，增加产品的数量和质量。产品升级指，逐渐转为生产行业内更为复杂、高深的产品；行业升级指从低附加值环节转向高附加值环节；价值链升级指从一个行业转向另外一个行业。

六、竞争优势理论

当今国际竞争力理论日臻完善，究其理论雏形始于古典经济学的绝对优势理论和比较优势理论，它们从贸易角度论述一国竞争力来源。

1964 年，贝拉萨（Belassa）最早提出国际竞争力的概念，20 世纪 80 年代国际竞争力理论得到逐步完善。国际竞争力理论最先始于国家层面的竞争力研究，1985 年，美国竞争力委员会将国际竞争力定义为自由市场条件下，一国既能为国际市场提供良好的产品与服务，又能提高本国居民收入与生活水平的能力，瑞士管理发展学院指出这种创造并增加国民财富的能力即国际竞争力，一国应处理好对外开放过程中输出与引进的关系、本土化生产与全球化经济的关系、原有资产与增值过程的关系、个人冒险主义精神与社会凝聚力的关系，这四种关系是一国构建良好竞争环境、形成国家竞争优势的关键。

此后，世界经济论坛从企业角度研究国际竞争力，它认为国际竞争力表现为一国企业较国外竞争者能提供更为优质和成本更低的产品与服务，企业竞争优势理论多从企业内部要素来研究国际竞争力问题，企业内部的基础设施状况、生产效率、组织管理能力和创新水平构成企业竞争力核心。

1990年，迈克尔·波特提出国际竞争优势模型，将对国际竞争力的研究转向产业角度，他从整体上概括各国产业竞争优势形成的四个阶段：第一阶段是自然资源与劳动力资源主导下的要素驱动阶段，第二阶段是凭借资本要素获得优势的投资驱动阶段，第三阶段是来自企业内部技术改进的创新驱动阶段，第四阶段是财富驱动阶段。他从产业竞争角度提出“钻石模型”理论，指出一国某个产业在国际竞争中崭露头角离不开四项关键要素的作用：生产要素、需求条件、相关产业支持、企业内部结构与经营战略。生产要素水平关系着一个国家在特定产业的生产效率，从广义上生产要素可划分为劳动、土地和资本，进一步可细分为基于工作量和技术能力衡量的人力资源、天然资源，如土地、矿藏、林产、水力等，集中于大学和科研机构的知识资源，综合考虑融资成本与风险的资本资源，涵盖交通运输、通信邮政系统的基础设施资源，当这些生产要素共同参与生产时，由于不同产业性质不同，对要素的依赖度也会有所不同。产业竞争力不能单看一国要素资源拥有量，还应考虑资源配置效率，资源利用率与配置状况影响生产效率。随着经济全球化发展，跨国活动使得人才与资本的流动更为频繁，初级生产要素在竞争中的作用有所下降，以人力、知识、基础设施为代表的高级生产要素发挥重要作用。

波特将需求条件喻为产业冲刺的动力，需求条件指本国国内市场对该产业所提供产品与服务的需求状况。母国市场的细分市场结构、市场规模与扩张速度影响国内市场需求转变为国际市场需求的能力，具体来说，国内市场消费者对产品的需求影响企业对市场的认知，以及诠释消费者需求的能力，从而影响企业出口，这点在产业发展初期阶段表现尤为明显，因为较国际市场而言，先天地理、人文优势使得本国生产商可以及早敏锐地感知国内市场客户需求，若国内客户对产品要求较高，会促使本国厂商在压力中创新产品设计，提高服务质量，有利于下一步参与全球竞争。

产业发展离不开其上、下游等相关产业支持，不同产业间相互联系，形成休戚与共的网络关系体。例如，日本电子琴产业全球闻名，背后离不开其音响器材产业发展的支持。同一产业链上，本国供应商稳定、易沟通使得本国产业能持续与多方合作，彼此间形成伙伴关系，具体而言，处在产业链上游的供应商不仅会为企业提供质量上乘的原材料、组件，而且相互间的信息反馈也会协助企业开拓新市场、运用新技术。其他相关产业对新产业具有“提升效应”，相关产业间产业价值相近，可以实现信息共享，技术互补与重叠应用，甚至在营销上达成联盟，因此竞争力强的本国产业通常会提升互补产品市场需求，拉动相关产业出口发展，一国要想培养新产业成为优势产业，需要在本国国内优先培育相关产业的发展。

企业战略、企业结构及同业竞争涵盖企业的创立、组织、管理及竞争对手条件、表现等方面，其中国家环境、民族文化对企业内部结构、目标决策有重要影响，不同教育、宗教背景下企业管理方式不同，可具体反映在处理团队与个人、厂商与客户、主管与工人间关系方面。国内市场上强有力的竞争对手能激发并维持产业创新发展动力，本国激烈竞争环境使国内特有的竞争优势条件淡化，驱使企业寻求更高层次竞争优势，这种同业间竞争会促使企业彼此降低成本，提高服务与质量，积极开拓海外市场，增强忧患意识，而一家独大的垄断厂商往往缺乏这种长久发展的动力。因此，迈克尔波特认为尽管国内强有力的竞争会造成一些企业被兼并和破产，但这能挑选出真正的强者，本国市场竞争者越强，企业国际化成功的概率越大。

在国际竞争优势模型中，除以上四大关键要素外，还有政府和机遇两个外生变量。各级政府通过出台相关政策法规对整个产业环境施加影响，例如，政府通过财政补贴、税收优惠、金融融资政策等影响资金的投入与流动方向，制定生产标准影响生产者经营战略选择，此外，政府采购为企业发展提供有力保障，扩大市场需求，政府政策本身并不能直接为企业创造竞争优势，需要与其他关键要素搭配，共同提高厂商的生产信心。

发展机遇主要包括重大基础科技发明、技术革新、战争、政治环境变动、国内外市场环境变革等，它们通常超出个体企业和政府控制范围，打破以往常规市场秩序，形成新竞争环境，从而促进产业结构加快调整。“钻石模型”是一个双向强化系统，其中任何一项要素变动必然影响其他要素的状态，四项关键要素之间相互作用，外加政府和机遇的影响，共同构成产业竞争优势。

第二节　文化贸易价值理论

文化贸易对于一国而言，不仅在于其经济价值，更在于它所提供内容或承担符号的文化价值。正是由于文化产品具备区别于一般商品的文化属性，导致文化贸易的自由化程度与一般商品不一致，不适用于 WTO 框架下的自由贸易原则。文化产品的特殊性决定了国际文化贸易活动的阐释不仅需要经典的贸易理论，更需要吸收相关的文化理论观点，以作为指导一国文化贸易的价值理论。以下三个概念：文化例外论、文化多样性和文化折扣，均在一定程度上说明了国际文化贸易的价值影响。

一、文化例外论

1993 年法国首次在世界贸易组织（World Trade Organization，WTO）召开的有关自由贸易的会议上提出"文化例外"。"文化例外论"引发了全球两大阵营针锋相对的论战：一方是以美国为首的文化自由贸易论，其认为应该在文化贸易领域实行自由贸易政策，凡是在电影和音像制品行业实行贸易限制措施的国家都应该终止该类措施；另一方是以法国、加拿大为首的文化保护论，以文化多样性为名赞成对文化领域实行保护政策。在乌拉圭会议后，美国不再坚持把自由贸易原则运用于电影及视听产品和服务领域，这种类似将文化产品特殊对待的条款可称为文化例外。

基于文化例外论，各国政府在国内制定了相应的文化政策。"文化例外"的表现形式有显性和隐性之分。"文化例外"的显性形式指国家通过对外签订贸易协定、对内制定相关法规及政策给予文化产品特殊待遇，包括进口配额、播放限额、播放百分比、内容要求、税收优惠、补贴等。20 世纪 90 年代，法国利用该政策保护了本国的电影和视听产业（王婧，2021）。据 UNESCO 统计，美国在电影贸易领域一直居于主导地位，在其能进入的市场几乎都取得了 50% 以上的市场份额。2017 年法国国产电影票房占总票房收入比重（电影自给率）为39%，远高于同期其他欧洲国家，意大利、西班牙的电影自给率仅为20%、18%。法国政府在制定相关政策时，尽管偏重本国电影产业，但为了本地产业的活力和竞争力，也为了世界各国电影进入法国市场提供了政策支持。

隐形的“文化例外”表现形式是指，政府以隐蔽的方式基于本国文化产业特殊优惠待遇。例如美国政府大约50个行动计划都是关于艺术与文化的，地方政府和各个大学都不同程度地支持文化产业的发展。此外，私人资助文化产业可以获得免税待遇。在美国，文化绝对不是私人的事情，其背后有政府的大力支持。

二、文化多样性

文化事关一个民族的身份认同，是不同国家民族之间增加理解、促进交流的重要基础，尊重文化多样性和在不同的文化之间开展对话是世界和平与发展的重要保证之一。文化多样性是人类社会的基本特征，也是人类社会发展进步的动力，保护文化多样性和保护生态多样性一样重要。美国虽然历史短暂，但也深知文化多样性的价值和意义，同时也认识到文化单一性必然限制其自身文化在全球的传播与推广。法国历来捍卫自己民族文化的独特性并致力于维护世界文化的多样性。如果放任文化产品尤其是电影和音像制品的自由贸易，必然造成“一种全球标准化的影响的泛滥”，其后果是像法国这样的国家将失去“叙述自己故事的能力”。

相比“文化例外”，“文化多样性”在国际法领域被广泛接受，但两者在本质上是相同的，都提倡给予文化产品特殊待遇。联合国教科文组织是联合国系统内负责管理文化事务的专业组织。多年来，UNESCO 在推动全球文化发展和全球文化政策的兴起发挥了举足轻重的作用。文化多样性由联合国教科文组织在国际性法律文件《世界文化多样性宣言》（Universal Declaration on Cultural Diversity）中得以合法化，并在 2005 年 10 月第 33 届联合国教科文组织大会上通过了《保护和促进文化表现形式多样性公约》（Convention on the Protection and Promotion of the Diversity of Cultural Expressions）（以下简称《文化多样性公约》），其中，“文化多样性”被定义为各群体和社会借以表现其文化的多种不同形式。《文化多样性公约》的生效意味着，在经济全球化和文化多样性的对抗中，文化得到了应有的重视，标志着文化多样性真正做到了在国际法层面上的“有法可依”，使“文化例外”终于有了世界贸易组织之外的国际法依据。

漫长的人类文化发展史强有力地证明了一个道理：只有尊重文化多样性，人类才会有更美好的明天。在信息技术日新月异、文化消费普遍的今天，面对全球流动和同质化的文化产品，如何维护和保持文化根基？如何保护文化特性？维护文化多样性，就是保持人类文化生生不息、繁荣昌盛的重要方式。

三、文化折扣

如果说“文化例外”与“文化多样性”是出于民族文化或地域文化保护与传承的目的，那么“文化折扣”就是在国际贸易中必须考虑的问题。

霍斯金和米卢斯（Hoskin and Mirus，1988）年首次提出“文化折扣”的概念，并将其运用到影视贸易的研究中，认为“文化折扣”是美国影视在全球居于主导地位的重要原因。特定影视节目根植于一种文化之中，因此在这个特定的环境下具有吸引力，但是在其他的文化环境中，由于受众的价值、信仰和行为模式是不一样的，该节目对其的吸引力会下降甚至消失。在他们的论述中，文化折扣也包括有配音和字幕所带来的吸引力的下降。霍斯金和米卢斯（Hoskin and Mirus，1988）还提出了一个计算进口影视产品价值损失的公式：（国内价值－进口相应产品的价值）/国内价值。但在现实的国际贸易中，由于贸易双方的硬实力和软实力不同，文化折扣对于两个国家是不对称的。

据霍斯金（Hoskin）分析，文化折扣是指在跨文化交流中，面向国内市场的文化产品或服务出口到不同文化市场时面临的价值减损现象。“文化折扣”常常与“文化距离”联系在一起。文化距离用以衡量不同群体（国家）之间人民的集体思维差异，是霍夫斯泰德（Hofstede）在文化维度理论中提出的哲学和心理学概念。文化维度理论提出度量国家文化的六个方面：权利距离、不确定性规避、个人主义/集体主义、男性度/女性度、长期导向/短期导向、放纵/克制。文化距离影响到国际商务中的合作选择，也影响到国际或国内的跨文化管理。两个文化距离较小的国家，由于相似的偏好和较低的商务成本，有可能发生更多的贸易往来。当然也有部分学者认为，由于猎奇心理的存在，也可能引发文化距离较大的国家之间的贸易。

第三章

全球文化产品贸易现状

“二战”后的贸易自由化导致了各国国际贸易的普遍增长。随后，旨在促进国家经济增长的区域贸易协定成倍增加。文化产品由于其象征、审美、艺术和文化价值的特定性质，在一些情形下成为自由贸易的例外。各国都制定了一些贸易政策措施，如关税减免或配额，以规范文化产品的贸易。

如表 3－1 所示，2013～2019 年，全球文化产品贸易保持了持续增长。具体到六大类文化产品，其中表演和庆祝产品、视觉艺术和手工艺品、印象和交互媒体产品保持较大幅度增长，而书籍和报刊、设计和创意服务产品呈下降趋势。本章将分别从全球文化产品出口、进口、贸易收支三个方面介绍全球文化产品贸易现状。

表 3－1　　2013～2019 年全球文化产品贸易额增长率　　单位：%

项目	文化产品总额	文化和自然遗产	表演和庆祝产品	视觉艺术和手工艺品	书籍和报刊	音像和交互媒体产品	设计和创意服务产品
出口	19	27.50	59.80	12.20	－5.00	49.70	－40.70

资料来源：联合国教科文组织网站。

第一节　全球文化产品出口现状

一、全球文化产品出口金额

根据表3－2，2019年全球文化产品出口金额为2717亿美元，较2018年增长2.5%。其中，美国、中国及中国香港地区位列全球文化产品出口前列，2019年其出口金额分别为45671.1百万美元、31552.5百万美元、18249百万美元，分别占全球文化产品总出口额的16.8%、11.6%、6.7%。2013～2019年，全球前十大文化产品出口经济体中，发展中的经济体包括中国及中国香港地区、阿拉伯联合酋长国、印度。

表3－2　　2013～2019年分经济体文化产品出口金额　　单位：百万美元

经济体	2013年	2014年	2015年	2016年	2017年	2018年	2019年
全球	228246.3	261214.2	224886.7	220250.6	245641.3	265082.8	271706.7
中国	63351.8	79066.5	50165.9	42143.4	42522.7	46078.6	45671.1
美国	26675.3	29653.7	29242.0	29362.2	31054.7	34004.8	31552.5
中国香港地区	1215.9	1144.0	937.3	917.3	14336.5	18612.2	18249.0
阿拉伯联合酋长国	8695.6	11609.1	11431.8	12308.1	15664.6	17293.3	18187.5
英国	16260.9	18313.4	20261.2	16301.2	16010.4	16515.2	23374.1
瑞士	11708.8	13849.6	13318.2	13498.9	14214.7	14999.6	14364.6
印度	11908.5	14139.4	10948.0	13860.8	13755.5	13517.8	14775.4
德国	8805.8	9111.7	8576.2	8581.8	9384.3	10233.2	9384.5
法国	8708.6	8771.5	8228.7	9032.9	9078.9	9906.0	11430.6

续表

经济体	2013 年	2014 年	2015 年	2016 年	2017 年	2018 年	2019 年
意大利	9948. 8	10061. 0	8725. 2	8414. 2	9333. 3	9718. 7	9713. 2
新加坡	7546. 3	7827. 4	7614. 1	7940. 2	7830. 9	8007. 5	7051. 4
日本	4923. 4	5076. 4	4808. 0	5646. 0	6015. 9	6694. 8	6025. 2
马来西亚	3739. 8	3914. 4	3950. 8	3963. 2	5500. 1	6245. 8	6102. 3
土耳其	4183. 3	5137. 7	4589. 5	4562. 0	4918. 9	5183. 4	5856. 1
泰国	4374. 8	4487. 8	4212. 6	4020. 2	4246. 4	4638. 9	4185. 7
韩国	3301. 3	3359. 3	3466. 9	3413. 5	4110. 3	4284. 6	6741. 3

资料来源：联合国教科文组织网站。

如表 3 –3 所示，按世界银行对国家的分类，2019 年低收入国家、中低收入国家、中高收入国家、高收入国家分别出口文化产品 88. 5 亿美元、179. 6 亿美元、679. 3 亿美元、1769. 7 亿美元，分别占全球文化产品出口总额的 3. 26%、6. 61%、25%、65. 13%。这表明，当前高收入国家是全球文化产品出口的主力军。

表 3 –3　　按世界银行收入分组文化产品出口　　单位：亿美元

类别	2013 年	2014 年	2015 年	2016 年	2017 年	2018 年	2019 年
低收入国家	65. 0	74. 1	64. 1	64. 5	67. 6	81. 1	88. 5
中低收入国家	140. 4	158. 8	125. 0	155. 9	153. 3	151. 6	179. 6
中高收入国家	809. 1	1000. 3	710. 1	632. 2	645. 6	689. 2	679. 3
高收入国家	1268. 0	1378. 9	1349. 6	1349. 8	1589. 9	1728. 9	1769. 7

资料来源：联合国教科文组织网站。

二、全球文化产品出口占总出口的比重

如表 3 –4 所示，全球主要文化产品出口国家的文化产品出

口金额占该国总出口的比重。在16个样本经济体中，英国该比重最高，达4.99%。作为全球最大的文化产品出口国，中国该比重为1.83%，在样本国家中处于下游水平。从全球来看，文化产品出口额占总产品出口额的比重不断增加，从2013年的1.25%上升到2019年的1.49%。这表明，文化产品出口在全球总出口贸易中的重要性不断加强。

表3-4　2013~2019年分经济体文化产品出口占总出口的百分比　单位：%

经济体	2013年	2014年	2015年	2016年	2017年	2018年	2019年
中国	2.87	3.38	2.21	2.01	1.88	1.85	1.83
美国	1.69	1.83	1.95	2.02	2.01	2.04	1.92
中国香港地区	6.13	7.33	7.88	3.59	2.61	3.27	3.41
阿拉伯联合酋长国	2.34	3.38	3.81	4.17	5.00	4.46	4.67
英国	2.97	3.58	4.35	3.96	3.62	3.37	4.99
瑞士	3.27	4.45	4.56	4.43	4.75	4.83	4.58
印度	3.54	4.45	4.14	5.32	4.67	4.19	4.57
德国	0.61	0.61	0.65	0.64	0.65	0.66	0.63
法国	1.53	1.55	1.67	1.85	1.74	1.74	2.06
意大利	1.92	1.90	1.91	1.82	1.84	1.77	1.81
新加坡	1.80	1.88	2.13	2.35	2.10	1.95	1.81
日本	0.69	0.74	0.77	0.88	0.86	0.91	0.85
马来西亚	1.64	1.67	1.97	2.09	2.53	2.53	2.56
土耳其	2.76	3.26	3.19	3.20	3.13	3.09	3.24
泰国	1.91	1.97	1.97	1.87	1.79	1.84	1.79
韩国	0.59	0.59	0.66	0.69	0.72	0.71	1.24

资料来源：联合国教科文组织网站。

如表3－5所示，2019年低收入国家、中低收入国家、中高收入国家、高收入国家文化产品出口额占各自总出口额的2.61%、1.88%、1.38%、1.47%。该比重全球平均值为1.49%。总体而言，低收入国家文化产品出口占其总出口比重更高，这表明文化产品出口对低收入国家更为重要。

表3－5　按世界银行收入分组文化产品出口占总出口的百分比　单位：%

类别	2013年	2014年	2015年	2016年	2017年	2018年	2019年
低收入国家	1.97	2.16	2.13	2.10	1.96	2.24	2.61
中低收入国家	1.31	1.53	1.41	1.89	1.56	1.46	1.88
中高收入国家	1.62	2.01	1.60	1.50	1.39	1.34	1.38
高收入国家	1.07	1.18	1.33	1.36	1.40	1.38	1.47
全球	1.25	1.44	1.43	1.44	1.42	1.39	1.49

资料来源：联合国教科文组织网站。

三、全球文化产品出口结构

联合国教科文组织将文化产品分为以下六大类：文化和自然遗产、表演和庆祝用品、视觉艺术和手工艺品、图书和印刷品、音像及交互媒体产品、设计和创意服务产品。

如图3－1所示，2013～2019年，全球文化产品贸易仍旧以视觉艺术和手工艺品为主，其次是表演和庆祝用品。图书和印刷品出口小幅减少，设计及创意服务产品大幅削减。发展中国家在全球手工艺品贸易中，如首饰贸易中扮演着重要作用。一些国家开发出一些小众市场，专门生产某种文化产品；书籍和印刷制品的出口主要由高收入国家主导。

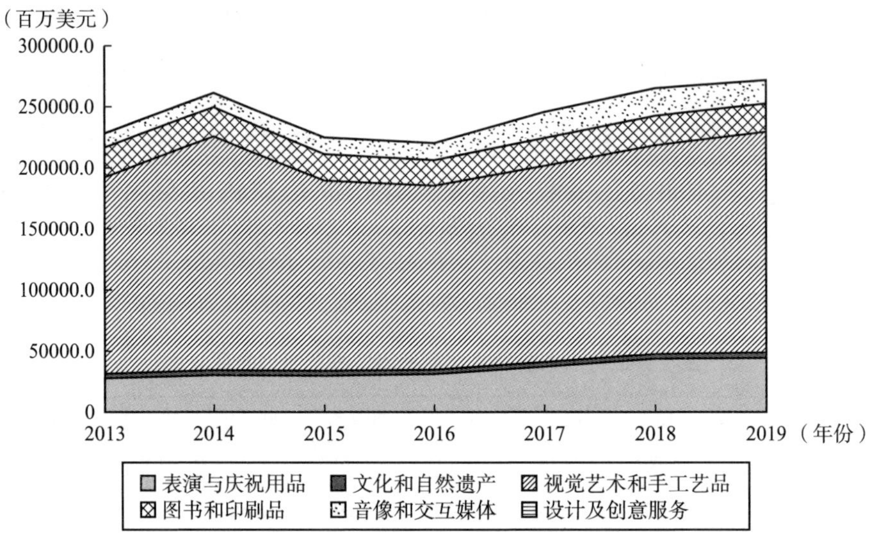

图 3－1　2013～2019 年全球文化产品出口结构

由于海关数据没有包括文化服务贸易，因此这些结果不一定反映国际艺术市场趋势。此外，海关无法准确统计音像和交互式媒体产品的贸易额。音像制品贸易经常发生在同一家公司在不同国家的分支机构，需要用替代数据进行跟踪。对这些产品的统计仅限于它们的物理载体，该领域大部分交易由服务数据捕获。

（一）文化和自然遗产出口

据 UNESCO 的统计框架，文化和自然遗产主要包括收藏品和古董。如表 3－6 所示，2013～2019 年，英国年年位居全球文化和自然遗产出口首位。2019 年英国出口文化和自然遗产产品 1846.06 百万美元，占全球同期文化和自然遗产出口的 38.9%。紧随其后的文化和遗产出口经济体分别是美国、法国、中国香港地区、瑞士、德国、中国、奥地利、荷兰以及泰国。

表 3-6　2013~2019 年分经济体文化和自然遗产出口金额　单位：百万美元

经济体	2013 年	2014 年	2015 年	2016 年	2017 年	2018 年	2019 年
全球	3721.56	4049.99	4077.86	3567.25	3768.63	4016.54	4744.14
英国	1455.33	1516.41	1728.03	1364.51	1114.08	1291.04	1846.06
美国	932.52	947.78	990.74	899.05	887.12	1143.71	1121.97
法国	328.79	332.71	278.32	312.98	336.96	320.37	346.27
中国香港地区	7.85	25.06	4.31	7.70	305.93	300.31	337.41
瑞士	319.66	352.20	382.04	272.33	306.03	309.41	316.35
德国	197.22	166.74	212.43	182.13	163.99	181.18	167.08
中国	25.72	25.02	65.25	31.78	9.51	21.35	130.89
奥地利	88.00	82.37	87.27	75.47	64.69	43.66	67.31
荷兰	38.95	21.69	29.12	20.07	30.23	51.73	51.07
泰国	0.58	0.02	3.30	0.03	51.64	11.46	50.97
意大利	24.33	21.89	27.83	17.41	36.54	30.26	31.91
阿拉伯联合酋长国	0.68	91.53	1.29	12.29	0.70	3.07	30.09
加拿大	32.73	50.30	33.52	33.45	39.94	63.21	27.26
南非	16.42	18.31	21.34	20.56	19.77	20.88	26.58
比利时	42.80	60.46	47.18	33.09	28.36	34.87	23.45
印度	12.16	66.29	0.43	0.21	4.31	43.35	23.40
日本	11.18	16.35	18.75	10.34	17.07	18.85	18.05

资料来源：联合国教科文组织网站。

表 3-7 统计了不同收入组国家的文化和自然遗产出口金额，高收入国家在文化和自然遗产出口方面占据绝对优势。2019 年高收入国家出口文化和自然遗产产品 4491.28 百万美元，占全球该类产品出口总金额的 95%。

表 3 -7　　2013 ~2019 年按收入组文化和自然遗产出口金额　　单位：百万美元

类别	2013 年	2014 年	2015 年	2016 年	2017 年	2018 年	2019 年
低收入国家	0.62	0.29	0.31	0.39	24.36	2.52	0.35
中低收入国家	47.27	80.47	15.08	13.88	122.92	56.65	30.45
中高收入国家	53.60	57.15	101.87	66.07	96.22	76.36	222.06
高收入国家	3620.07	3912.07	3960.61	3486.91	3525.12	3881.01	4491.28

资料来源：联合国教科文组织网站。

（二）表演和庆祝用品出口

表 3 -8 展示了 2013 ~2019 年分经济体表演和庆祝用品出口金额。2019 年韩国表演和庆祝用品出口大幅增长，较 2018 年增长约 115%，达 4860.89 万美元，超过中国成为全球表演和庆祝用品出口第一大国。与韩国表演和庆祝用品出口大幅增加形成鲜明对比的是中国，近年来中国该类产品出口出现下降趋势。2019 年全球表演和庆祝用品出口前五名国家（地区）分别是韩国、中国、马来西亚、中国香港地区及美国。

表 3 -8　　2013 ~2019 年分经济体表演和庆祝用品出口金额　　单位：百万美元

经济体	2013 年	2014 年	2015 年	2016 年	2017 年	2018 年	2019 年
韩国	810.37	871.88	881.81	977.04	620.05	2263.52	4860.89
中国	5258.26	5222.54	5287.87	4654.73	3875.71	4227.73	4470.88
马来西亚	1216.92	1730.07	1885.22	2187.88	3863.08	4511.88	4307.89
中国香港地区	4.27	7.20	3.72	1.89	3037.13	5079.23	3944.74
美国	2182.74	2302.14	2191.48	2523.75	3046.78	3761.30	3894.98
新加坡	2704.38	2936.11	3718.26	4042.86	4692.92	4790.85	3708.15
德国	1869.55	1973.67	1633.83	1801.99	1676.59	1781.64	1816.30
荷兰	1751.52	1953.68	1588.60	1579.26	1982.16	1643.95	1568.73

续表

经济体	2013 年	2014 年	2015 年	2016 年	2017 年	2018 年	2019 年
日本	1916. 38	1815. 75	1590. 87	1555. 76	1620. 03	1585. 39	1493. 15
法国	532. 13	593. 05	506. 37	567. 43	753. 87	820. 32	797. 16
英国	773. 26	839. 68	836. 25	1043. 99	1097. 69	987. 09	754. 97
印度尼西亚	489. 33	536. 35	531. 77	520. 29	519. 85	543. 24	581. 03
泰国	246. 53	246. 01	173. 85	139. 19	187. 11	378. 32	419. 29
爱尔兰	114. 08	85. 59	245. 42	274. 42	284. 08	382. 32	411. 38
比利时	193. 56	273. 71	314. 85	329. 26	337. 52	330. 83	366. 73
捷克	548. 82	627. 15	1005. 23	1068. 27	934. 17	426. 77	360. 89
波兰	86. 09	219. 06	332. 23	528. 20	353. 75	483. 15	334. 33
阿拉伯联合酋长国	37. 39	81. 69	63. 23	59. 19	327. 40	347. 39	331. 67
意大利	220. 85	239. 13	227. 37	253. 85	261. 73	302. 83	277. 61
匈牙利	53. 03	52. 46	75. 08	185. 46	272. 95	398. 43	255. 33
印度	192. 81	133. 49	128. 81	164. 43	139. 00	149. 64	210. 33

资料来源：联合国教科文组织网站。

如表 3 -9 所示，按照世界银行对国家的分组，高收入国家在全球表演和庆祝用品出口方面居于主导地位。2019 年，高收入国家表演和庆祝用品出口金额达 26389 万美元，占全球该类产品总出口金额的约 60%。同期，中高收入、中低收入、低收入国家分别出口 10124. 19 百万美元、277. 77 百万美元、7289. 75 百万美元，分别占同期全球表演和庆祝用品出口金额的 23%、0. 63%、16. 54%。

表 3 -9　2013 ~ 2019 年分收入组表演和庆祝用品出口金额　单位：百万美元

类别	2013 年	2014 年	2015 年	2016 年	2017 年	2018 年	2019 年
低收入国家	4938. 27	5867. 23	4916. 89	4960. 92	5183. 67	6499. 95	7289. 75
中低收入国家	239. 28	183. 80	187. 84	231. 49	293. 34	372. 08	277. 77

续表

类别	2013 年	2014 年	2015 年	2016 年	2017 年	2018 年	2019 年
中高收入国家	7594. 43	8099. 61	8241. 03	7942. 18	9102. 40	10052. 18	10124. 19
高收入国家	14805. 28	15972. 61	16321. 88	17869. 29	22472. 29	26618. 37	26389. 92
全球	27577. 26	30123. 26	29667. 64	31003. 88	37051. 70	43542. 58	44081. 63

资料来源：联合国教科文组织网站。

（三）视觉艺术和手工艺品出口

表 3 – 10 显示了 2013 ~ 2019 年全球分经济体视觉艺术和工艺品出口金额。虽然近年来中国出口视觉艺术和工艺品金额呈下降趋势，2019 年为 29267. 1 百万美元，仅为 2013 年该类产品出口金额的 60%，但其仍旧是全球该类产品的最大出口国。中国近年在视觉艺术和工艺品出口方面的脚步放缓，与经济步入新常态紧密相关。

表 3 – 10　2013 ~ 2019 年分经济体视觉艺术和工艺品出口金额　单位：百万美元

经济体	2013 年	2014 年	2015 年	2016 年	2017 年	2018 年	2019 年
中国	49374. 7	65274. 7	33772. 5	25846. 5	24341. 1	28183. 6	29267. 1
美国	18269. 3	21397. 3	21585. 8	21931. 6	22818. 2	25068. 0	22846. 8
英国	10230. 0	11819. 7	14087. 7	10644. 9	10467. 8	10668. 9	17466. 5
阿拉伯联合酋长国	8396. 9	11226. 4	11194. 1	12010. 7	14826. 4	16381. 9	17390. 5
印度	11394. 9	13702. 7	10580. 7	13444. 0	13384. 7	13023. 2	14243. 8
瑞士	11047. 0	13196. 1	12675. 4	12984. 3	13654. 5	14459. 7	13826. 7
中国香港地区	1098. 5	1004. 6	830. 6	801. 4	8289. 3	9934. 4	11543. 7
法国	6377. 2	6390. 6	6217. 4	7024. 7	6837. 2	7635. 7	9107. 3
意大利	8698. 8	8761. 3	7696. 8	7393. 9	8326. 2	8593. 2	8677. 3
土耳其	4102. 3	5055. 0	4507. 0	4487. 9	4846. 1	5102. 1	5768. 5
德国	3375. 5	3524. 3	3545. 9	3675. 9	4036. 1	4228. 1	3737. 5

续表

经济体	2013 年	2014 年	2015 年	2016 年	2017 年	2018 年	2019 年
泰国	4076.5	4204.4	4006.0	3851.3	3978.9	4219.8	3678.4
新加坡	3739.3	3728.6	3294.5	3414.3	2721.9	2769.1	2842.9
日本	1894.8	2333.1	2617.5	3352.8	2750.2	2638.1	2257.9
越南	472.7	558.8	526.1	838.0	539.4	601.7	2107.6
印度尼西亚	404.0	2346.2	3492.0	4276.6	2805.8	2177.1	2089.8
韩国	2305.0	2319.2	2430.9	2303.1	3333.6	1861.5	1726.7
马来西亚	2344.3	2014.0	1906.6	1609.4	1464.2	1535.6	1600.0
加拿大	659.5	574.6	634.0	756.1	679.6	737.1	853.5
西班牙	1093.2	874.8	789.8	795.4	841.3	912.4	838.8

资料来源：联合国教科文组织网站。

如表 3－11 所示，按照世界银行根据收入水平对国家的分类，高收入国家在全球视觉艺术和工艺品出口中仍旧居于主导地位。2019 年高收入高价出口视觉艺术和工艺品 180655.9 百万美元，占全球同类产品出口总金额的 65%。

表 3－11　2013～2019 年分收入组视觉艺术和工艺品出口金额　单位：百万美元

类别	2013 年	2014 年	2015 年	2016 年	2017 年	2018 年	2019 年
全球	161027.3	191458.7	155890.3	150870.5	160795.4	170874.0	180655.9
高收入国家	83523.5	93143.1	92593.0	92278.1	105221.3	111463.6	117974.8
中高收入国家	63009.0	81720.7	50027.7	42303.8	39641.4	43745.3	44385.4
中低收入国家	13028.5	15154.7	11885.1	14931.0	14530.2	14229.6	16919.6
低收入国家	1466.4	1440.3	1384.5	1357.6	1402.4	1435.5	1376.1

资料来源：联合国教科文组织网站。

（四）图书和印刷品出口

表 3－12 展示了 2013～2019 年分经济体图书和印刷品出口金额。2019 年，英国是全球图书和印刷品出口第一大国，出口金

额达3062.11百万美元。紧随其后的是美国、中国，2019年分别出口图书和印刷品2824.29百万美元、2663.00百万美元。中国是全球印刷大国，为超过50个国家提供印刷包装服务。

表3-12　2013~2019年分经济体图书和印刷品出口金额　单位：百万美元

经济体	2013年	2014年	2015年	2016年	2017年	2018年	2019年
英国	3423.90	3598.69	3270.40	2946.09	3048.65	3232.01	3062.11
美国	3803.86	3577.08	3288.72	3138.44	3032.33	2928.84	2824.29
中国	2578.64	2679.82	2633.95	2374.56	2441.94	2595.46	2663.00
德国	2660.35	2728.18	2354.59	2315.90	2428.38	2594.95	2374.03
波兰	560.90	645.22	1057.20	1115.93	1408.04	1683.27	1712.40
中国香港地区	102.48	103.07	94.93	100.49	1269.23	1246.38	1189.77
荷兰	897.90	909.96	738.34	776.50	938.52	1152.15	1135.81
法国	1364.90	1283.30	1078.81	1013.61	1013.38	1005.25	1029.25
意大利	945.60	967.41	690.32	703.03	670.55	738.36	692.03
西班牙	738.60	752.25	635.08	666.21	681.09	731.26	665.60
捷克	408.89	354.33	336.02	474.09	547.46	575.02	553.25
比利时	681.95	538.81	464.88	469.58	472.82	571.58	423.07
俄罗斯	342.52	312.40	398.42	231.98	319.89	323.43	398.54
加拿大	374.51	441.88	443.99	395.53	337.77	349.90	373.76
新加坡	828.60	872.62	427.62	330.73	303.21	325.77	332.83
印度	290.04	224.74	230.44	245.29	224.71	300.20	301.65
阿拉伯联合酋长国	222.19	178.07	148.71	201.63	234.37	267.41	224.82
马来西亚	177.42	167.92	155.48	160.29	164.14	185.61	181.03
墨西哥	199.30	208.37	196.14	187.09	201.67	171.65	164.74
澳大利亚	185.38	179.99	162.17	180.07	187.18	173.02	164.04

资料来源：联合国教科文组织网站。

表3-13列出了2013~2019年全球不同收入组国家出口图书和印刷品的金额。其中，高收入国家在全球图书和印刷品出口

中居于主导地位，2019 年约占全球同类产品出口金额的 80%。这表明，相较视觉艺术及手工艺品、表演和庆祝用品、文化和自然遗产，图书和印刷品出口更多地集中于高收入国家。

表 3－13 2013～2019 年分收入组图书和印刷品出口金额 单位：百万美元

类别	2013 年	2014 年	2015 年	2016 年	2017 年	2018 年	2019 年
全球	24315.24	23924.91	21550.49	20804.49	22670.62	24083.28	23099.58
高收入国家	19604.33	19398.56	17181.35	16852.01	18559.26	19638.76	18669.19
中高收入国家	3939.62	4023.75	3899.51	3439.33	3620.52	3804.42	3855.74
中低收入国家	677.56	413.72	374.07	386.15	346.65	483.74	399.85
低收入国家	93.73	88.88	95.56	127.01	144.18	156.36	174.79

资料来源：联合国教科文组织网站。

（五）音像及交互媒体产品出口

如表 3－14 所示，中国是全球最大的音像及交互媒体产品出口国。2019 年中国出口音像及交互媒体产品 9131.1 百万美元，占同期该产品全球出口总额的 48%。紧随其后的分别是日本、德国、中国香港地区、波兰和美国。

表 3－14 2013～2019 年分经济体音像及交互媒体产品出口金额 单位：百万美元

经济体	2013 年	2014 年	2015 年	2016 年	2017 年	2018 年	2019 年
中国	6100.1	5854.9	8397.8	9227.1	11844.0	11043.1	9131.1
日本	925.0	751.5	444.9	590.4	1493.0	2319.1	2121.3
德国	685.7	705.2	819.2	596.6	1070.1	1434.1	1279.0
中国香港地区	2.7	4.0	3.7	5.9	1434.9	2051.8	1233.4
波兰	42.1	188.2	500.5	473.8	1275.3	1462.8	1225.9
美国	1476.6	1421.4	1177.5	862.0	1265.0	1095.9	855.6

续表

经济体	2013 年	2014 年	2015 年	2016 年	2017 年	2018 年	2019 年
西班牙	74.9	105.3	65.5	247.7	661.1	768.9	785.0
越南	n. a.	n. a.	n. a.	0.1	3.6	0.2	316.5
英国	360.8	530.2	286.8	294.9	265.4	330.7	234.8
阿拉伯联合酋长国	38.2	31.1	24.4	24.3	275.2	290.3	210.1
斯洛伐克	36.0	54.4	61.9	59.7	143.2	179.4	163.5
新加坡	226.8	239.0	164.3	130.5	102.0	114.0	159.5
荷兰	230.0	230.2	167.2	250.0	128.6	121.8	135.8
法国	92.5	155.0	135.5	103.3	130.0	109.6	132.1
墨西哥	155.9	206.1	284.1	197.5	196.6	139.6	126.5
瑞典	95.6	142.4	110.7	88.5	145.6	161.8	118.3
捷克	18.7	36.8	63.7	59.9	66.5	99.8	111.0
加拿大	290.6	135.3	205.8	160.1	149.1	111.9	108.2
比利时	127.8	138.0	115.7	84.8	99.1	98.2	101.8
丹麦	119.0	180.4	144.1	167.3	176.9	150.1	98.6

资料来源：联合国教科文组织网站。

从表 3－15 可知，2019 年高收入组国家和中高收入组国家的音像及交互媒体产品出口金额相当，这两类国家音像及交互媒体产品出口金额约占全球 98%。

表 3－15　2013～2019 年分收入组音像及交互媒体产品出口金额　单位：百万美元

类别	2013 年	2014 年	2015 年	2016 年	2017 年	2018 年	2019 年
全球	11415.8	11535.7	13563.6	13912.0	21249.7	22459.3	19013.2
高收入国家	5090.8	5370.5	4786.4	4424.3	9128.0	11190.8	9341.6
中高收入国家	6289.6	6105.1	8726.9	9454.3	12083.3	11235.0	9325.6
中低收入国家	34.6	45.5	37.2	25.7	31.3	16.4	334.3
低收入国家	0.8	14.7	13.1	7.7	7.1	17.1	11.7

资料来源：联合国教科文组织网站。

（六）设计及创意服务产品出口

表3－16展示了2013～2019年，设计及创意服务产品主要出口经济体的出口金额。2019年，法国以出口金额18.57百万美元居于全球之首。荷兰、德国、英国、西班牙等国紧随其后，位于全球设计及创意服务出口前列。

表3－16　2013～2019年分经济体设计及创意服务产品出口金额 单位：百万美元

经济体	2013年	2014年	2015年	2016年	2017年	2018年	2019年
法国	13.02	16.82	12.33	10.83	7.49	14.77	18.57
荷兰	2.50	3.69	1.50	1.50	3.16	8.75	17.42
德国	17.44	13.64	10.24	9.24	9.08	13.20	10.58
英国	17.56	8.70	51.96	6.74	16.73	5.38	9.64
西班牙	3.18	1.84	2.27	2.92	4.05	7.27	9.25
美国	10.22	8.00	7.86	7.39	5.31	6.99	8.87
奥地利	2.71	2.93	5.85	7.70	6.40	7.41	8.30
中国	14.42	9.54	8.58	8.70	10.42	7.38	8.19
日本	10.84	5.72	6.93	4.38	5.17	3.79	3.70
以色列	2.77	4.68	4.01	3.30	3.56	3.81	3.35
新加坡	28.01	1.95	1.27	2.37	1.50	1.58	1.87
塞尔维亚	0.11	2.43	1.57	2.79	1.36	1.57	1.60
葡萄牙	0.14	0.32	0.87	1.15	0.42	0.36	1.07
波兰	4.46	1.19	0.91	4.49	1.04	0.68	1.03
韩国	18.38	5.25	0.50	0.40	2.54	6.75	0.94
泰国	1.83	2.84	1.81	1.94	1.09	0.81	0.86
捷克	4.53	4.89	1.08	0.42	0.41	3.30	0.78
比利时	1.20	3.30	0.78	0.67	0.15	0.50	0.77
土耳其	3.20	2.38	1.78	0.73	0.64	0.40	0.52
越南	0.04	0.07	0.16	0.54	0.67	1.03	0.49

资料来源：联合国教科文组织网站。

表 3－17 展示了全球高收入国家、中高收入国家、中低收入国家、低收入国家的设计及创意服务产品出口金额。其中，高收入国家在该产品出口中居于主导地位。2019 年高收入国家出口设计及创意产品为 99.12 百万美元，占全球同类产品出口金额的 88%。

表 3－17　2013～2019 年分收入组设计及创意服务产品出口金额 单位：百万美元

类别	2013 年	2014 年	2015 年	2016 年	2017 年	2018 年	2019 年
全球	189.09	121.74	136.82	92.42	105.31	107.16	112.26
高收入国家	156.13	95.50	117.75	70.89	86.67	93.59	99.12
中高收入国家	22.09	22.15	14.88	18.05	16.57	11.32	12.19
中低收入国家	9.75	3.40	3.68	2.55	1.28	1.80	0.65
低收入国家	1.13	0.69	0.50	0.93	0.79	0.45	0.30

资料来源：联合国教科文组织网站。

第二节　全球文化产品进口现状

一、全球文化产品进口现状

表 3－18 展示了全球主要文化产品进口经济体在 2013～2019 年间文化产品进口金额。近年来，美国稳居全球第一文化产品进口大国。受中美贸易战影响，2019 年美国进口文化产品金额较 2018 年有所下滑，但仍高达 44316.9 百万美元，占全球文化产品总进口额的 19%。除美国以外，中国香港地区、瑞士、阿拉伯联合酋长国、英国、法国等国是近年来主要的文化产品进口经济体。

表 3－18　　2013～2019 年按经济体文化产品进口金额　　单位：百万美元

经济体	2013 年	2014 年	2015 年	2016 年	2017 年	2018 年	2019 年
美国	33298. 4	34692. 1	39019. 9	38392. 6	42773. 2	45838. 5	44316. 9
中国香港地区	21552. 4	23467. 7	21009. 9	20881. 0	23435. 5	27212. 3	26108. 7
瑞士	12896. 3	13236. 4	13990. 7	12936. 9	15456. 6	20524. 9	22141. 1
阿拉伯联合酋长国	8780. 3	9293. 0	7892. 8	8054. 1	8458. 8	15815. 2	18015. 0
英国	14706. 1	15758. 3	15634. 7	12403. 9	11397. 5	11921. 5	12745. 0
法国	8152. 7	9110. 0	8240. 7	8189. 8	9295. 2	9782. 7	10833. 3
德国	7970. 4	8711. 9	8397. 3	8254. 3	9540. 1	10247. 0	9899. 5
中国	6907. 2	7282. 4	7180. 5	6040. 4	5582. 5	6369. 2	7953. 4
日本	6148. 1	5842. 0	5157. 2	5517. 0	6482. 0	6344. 4	6125. 1
新加坡	6415. 7	5939. 3	5250. 8	5537. 4	5786. 8	5676. 4	5410. 7
加拿大	5397. 0	5291. 6	4916. 5	4585. 7	4688. 6	4962. 3	4703. 3
意大利	3220. 9	3488. 0	3512. 9	3503. 3	4087. 0	4172. 3	3845. 1
荷兰	3469. 3	3661. 1	3542. 7	3399. 4	3801. 2	3757. 3	3551. 0
墨西哥	2398. 9	2711. 6	2764. 9	2694. 3	3419. 1	3925. 8	3501. 6
波兰	1156. 9	1794. 5	2006. 5	2217. 3	3343. 0	4205. 2	3318. 0
韩国	1724. 8	1616. 7	1519. 8	1750. 8	1986. 8	2670. 1	3007. 5
澳大利亚	2736. 9	2945. 7	2651. 2	2610. 1	2863. 8	2886. 0	2742. 2
泰国	2183. 5	2150. 0	2112. 2	1993. 0	2461. 2	2636. 7	2724. 9
西班牙	1979. 1	2400. 5	2036. 2	2265. 1	2821. 6	2684. 5	2587. 9
印度	2245. 1	2489. 2	2649. 8	2693. 1	4476. 7	2801. 8	2578. 1

资料来源：联合国教科文组织网站。

表 3－19 显示了全球高收入国家、中高收入国家、中低收入国家、低收入国家在 2013～2019 年进口文化产品的金额。高收入国家在全球文化产品进口中居于主导地位，2019 年高收入国家进口文化产品占全球文化产品总进口额的 85%。

表 3－19　　2013～2019 年按收入组文化产品进口金额　　单位：百万美元

类别	2013 年	2014 年	2015 年	2016 年	2017 年	2018 年	2019 年
全球	189433.0	198368.0	192134.0	187011.0	207491.0	232995.0	232482.0
高收入国家	155813.0	165496.0	161756.0	157733.0	174083.0	197702.0	197121.0
中高收入国家	22912.4	22496.7	19947.2	18184.8	20202.6	23246.1	23771.4
中低收入国家	7856.3	7556.8	7993.1	8178.3	10728.4	9085.8	8862.9
低收入国家	2851.2	2818.7	2437.3	2914.5	2477.3	2961.3	2726.9

资料来源：联合国教科文组织网站。

二、全球文化产品进口占总进口的比重

表 3－20 显示了全球主要文化产品进口经济体的文化产品进口占总进口金额的比重。研究发现，在文化产品进口大国中，瑞士文化产品进口占其总进口额的比重最高，2019 年达到 8.01%，远高于全球平均水平的 1.26%。从近年趋势看，文化产品进口占总进口比重在不断提升，从 2013 年的 1.02% 稳步提升到 2019 年的 1.26%，这表明文化产品进口在国际贸易中的重要性在不断加强。

表 3－20　　2013～2019 年按经济体文化产品进口占比　　单位：%

经济体	2013 年	2014 年	2015 年	2016 年	2017 年	2018 年	2019 年
瑞士	4.02	4.81	5.53	4.81	5.78	7.37	8.01
阿拉伯联合酋长国	2.98	3.11	2.75	2.97	3.28	6.47	6.25
中国香港地区	3.47	3.91	3.76	3.82	3.98	4.34	4.51
英国	2.24	2.27	2.48	1.95	1.78	1.78	1.84
美国	1.43	1.44	1.69	1.71	1.78	1.76	1.73
法国	1.22	1.38	1.46	1.46	1.52	1.48	1.68
新加坡	1.65	1.57	1.70	1.90	1.77	1.53	1.51
泰国	0.87	0.94	1.04	1.03	1.11	1.06	1.26

续表

经济体	2013 年	2014 年	2015 年	2016 年	2017 年	2018 年	2019 年
澳大利亚	1.18	1.30	1.33	1.38	1.25	1.23	1.24
加拿大	1.17	1.14	1.17	1.14	1.08	1.08	1.04
日本	0.74	0.72	0.82	0.91	0.97	0.85	0.85
意大利	0.67	0.74	0.86	0.86	0.90	0.83	0.81
德国	0.67	0.72	0.79	0.78	0.82	0.79	0.80
墨西哥	0.63	0.68	0.70	0.70	0.81	0.85	0.77
韩国	0.34	0.31	0.35	0.43	0.42	0.50	0.60
中国	0.35	0.37	0.43	0.38	0.30	0.30	0.38
荷兰	0.68	0.72	0.86	0.83	0.82	0.72	0.69
波兰	0.56	0.83	1.06	1.18	1.53	1.57	1.35
西班牙	0.60	0.68	0.67	0.75	0.83	0.69	0.69
印度	0.48	0.54	0.68	0.76	1.01	0.55	0.54

资料来源：联合国教科文组织网站。

表3－21展示了全球不同收入组国家文化产品进口占总进口的比重。其中，高收入国家该比重超过全球平均水平，居于四组国家之首。但令人意外的是，低收入国家该比重超过中高收入国家和中低收入国家。这表明，就文化产品进口占总进口比重指标而言，全球呈现两端高中间低的景象，这可能与价值链贸易的兴起有关。跨国公司将文化产品的各个生产环节及工序分散到不同国家或地区，不同收入水平的国家可以凭借自身的比较优势参与到国际分工和国际贸易中。

表3－21　　2013～2019年按收入组文化产品进口占比　　单位：%

类别	2013 年	2014 年	2015 年	2016 年	2017 年	2018 年	2019 年
全球	1.02	1.07	1.18	1.18	1.18	1.21	1.26
高收入国家	1.25	1.32	1.46	1.45	1.47	1.53	1.57

续表

类别	2013 年	2014 年	2015 年	2016 年	2017 年	2018 年	2019 年
中高收入国家	0.51	0.51	0.53	0.51	0.49	0.51	0.55
中低收入国家	0.61	0.60	0.66	0.73	0.81	0.65	0.69
低收入国家	0.84	0.79	0.83	0.97	0.77	0.83	0.89

资料来源：联合国教科文组织网站。

三、全球文化产品进口结构

（一）文化和自然遗产进口

表 3－22 显示了全球主要文化和自然遗产产品进口经济体 2013～2019 年该产品进口情况，美国在此期间一直是全球文化和自然遗产产品进口第一大国。2019 年美国进口文化和自然遗产产品 2102.7 百万美元，占全球该产品总进口金额的 38.8%。紧随其后的是中国香港地区、英国、瑞士、中国、法国等经济体。

表 3－22　2013～2019 年按经济体文化和自然遗产产品进口金额　单位：百万美元

经济体	2013 年	2014 年	2015 年	2016 年	2017 年	2018 年	2019 年
美国	1651.2	1701.9	1693.0	1699.7	1552.2	1655.2	2102.7
中国香港地区	744.0	709.3	508.9	835.0	581.6	548.9	827.6
英国	1246.1	1435.7	1431.9	1159.8	733.3	765.4	670.0
瑞士	337.1	290.6	286.1	294.6	296.5	293.3	308.1
中国	71.1	109.2	184.0	40.9	31.7	63.8	258.5
法国	165.5	185.0	200.9	180.0	207.7	220.9	204.2
德国	56.3	118.3	183.2	172.6	179.6	183.5	174.2

续表

经济体	2013 年	2014 年	2015 年	2016 年	2017 年	2018 年	2019 年
比利时	41.0	35.2	26.4	19.0	28.3	43.3	109.6
日本	46.4	45.4	65.2	80.0	52.4	110.0	104.1
荷兰	245.0	262.2	261.3	259.3	241.8	262.5	94.3
阿拉伯联合酋长国	3.2	21.1	4.4	18.7	4.9	44.5	53.1
泰国	21.7	3.5	0.1	0.1	59.2	3.8	51.0
加拿大	44.2	34.5	36.1	30.0	56.1	39.3	49.1
澳大利亚	44.8	56.8	94.3	51.2	54.1	75.7	42.4
新西兰	18.8	25.9	25.4	26.9	25.9	26.4	30.2
丹麦	11.7	16.2	22.5	26.6	28.6	28.3	29.6
印度	2.0	0.1	0.6	0.3	68.1	4.9	29.3
澳大利亚	38.4	52.6	26.7	22.7	26.4	27.6	27.6
瑞典	6.1	18.6	16.7	34.9	30.6	22.8	21.7
意大利	21.4	24.7	26.0	20.2	31.1	41.5	19.6

资料来源：联合国教科文组织网站。

表3－23将国家按收入分组，高收入国家是全球文化和自然遗产产品进口的主导方。2019年高收入国家进口文化和自然遗产产品达5010.7百万美元，占全球该产品进口金额的92.5%。

表3－23　2013～2019年按收入组文化和自然遗产产品进口金额 单位：百万美元

类别	2013 年	2014 年	2015 年	2016 年	2017 年	2018 年	2019 年
全球	5037.2	5358.1	5248.7	5180.5	4495.1	4726.1	5416.7
高收入国家	4858.5	5191.5	5029.5	5075.1	4292.9	4569.7	5010.7
中高收入国家	132.1	150.2	206.5	61.4	125.2	142.9	336.6
中低收入国家	35.8	7.3	6.8	6.2	69.4	6.0	56.8
低收入国家	10.8	9.1	5.9	37.8	7.6	7.5	12.5

资料来源：联合国教科文组织网站。

（二）表演和庆祝用品进口

表 3－24 展示了 2013～2019 年按经济体表演和庆祝用品进口的概况，美国一直是全球最大的表演和庆祝用品进口国。2019 年美国进口表演和庆祝用品 11644.1 百万美元，占全球该类产品进口总额的 26.4%。中国对表演和庆祝用品的进口金额在 2015 年达到峰值后，呈逐年下降趋势，但仍旧保持在全球第三，仅次于美国和中国香港地区。

表 3－24　2013～2019 年按经济体表演和庆祝用品进口金额　单位：百万美元

经济体	2013 年	2014 年	2015 年	2016 年	2017 年	2018 年	2019 年
美国	4762.6	5984.2	7078.1	8503.6	11126.4	11841.4	11644.1
中国香港地区	4486.0	4255.6	3703.1	3592.1	4029.1	6506.1	4226.8
中国	3146.0	3284.8	3740.8	3129.3	2678.6	2603.1	2539.6
德国	2091.4	2452.0	1876.3	2065.5	2266.7	2196.0	2151.7
墨西哥	499.4	587.7	674.7	885.6	1685.9	2021.8	1669.9
荷兰	1455.5	1734.0	1564.3	1486.0	1859.1	1570.7	1475.4
新加坡	1344.7	958.0	980.4	1108.3	1860.7	1916.7	1434.3
韩国	684.0	512.0	480.4	542.5	666.2	1180.8	1416.5
泰国	1151.9	1188.7	1203.3	1113.7	1384.5	1508.8	1364.1
日本	1479.3	1308.0	1233.1	1319.1	1364.5	1338.0	1348.6
印度	917.8	1225.2	1342.2	1675.3	1754.1	1414.0	1333.3
英国	1199.3	1322.6	1458.3	1664.1	1685.1	1643.0	1297.2
法国	926.5	962.6	922.5	951.0	1061.8	1056.8	1028.2
马来西亚	314.1	341.1	376.5	450.1	538.9	932.8	886.2
加拿大	729.5	685.2	629.8	639.3	686.1	870.3	806.9
波兰	532.2	864.8	770.6	855.0	1025.7	1365.1	730.7
菲律宾	37.8	42.4	64.8	177.4	330.4	382.2	520.6
澳大利亚	486.9	493.3	478.6	477.1	520.7	553.1	499.3

续表

经济体	2013 年	2014 年	2015 年	2016 年	2017 年	2018 年	2019 年
阿拉伯联合酋长国	162.6	171.2	183.7	265.8	744.5	543.7	495.4
比利时	310.4	333.7	374.1	421.5	460.3	400.8	424.4

资料来源：联合国教科文组织网站。

表 3-25 列明了全球不同收入组国家的表演和庆祝用品进口金额，其中，高收入组国家在进口表演和庆祝用品领域居于主导地位。2019 年高收入组国家进口表演和庆祝用品 32724.6 百万美元，占全球同类产品总进口额的 74%。

表 3-25　2013～2019 年按收入组表演和庆祝用品进口金额　单位：百万美元

经济体	2013 年	2014 年	2015 年	2016 年	2017 年	2018 年	2019 年
全球	35032.9	35836.4	35922.8	38364.2	45543.5	49123.8	44119.5
高收入国家	24278.0	25836.6	25849.8	27963.3	33957.1	37004.5	32724.6
中高收入国家	7705.5	6957.3	7220.6	6747.9	7776.9	8621.0	7850.7
中低收入国家	1587.7	1990.4	2034.8	2414.8	2694.9	2262.1	2254.3
低收入国家	1461.8	1052.0	817.7	1238.2	1114.5	1236.2	1289.8

资料来源：联合国教科文组织网站。

（三）视觉艺术和手工艺品进口

表 3-26 列出了 2013～2019 年部分经济体视觉艺术和手工艺品进口的金额，其中，美国一直是全球最大的视觉艺术和手工艺品进口大国。2019 年美国进口视觉艺术和手工艺品 23373.8 百万美元，占全球同类产品进口总额的 16.5%。

表 3－26　2013～2019 年按经济体视觉艺术和手工艺品进口金额　单位：百万美元

经济体	2013 年	2014 年	2015 年	2016 年	2017 年	2018 年	2019 年
美国	19038.1	19469.6	22448.9	21538.8	22438.2	23704.3	23373.8
瑞士	11211.6	11573.6	12463.9	11469.1	13936.3	19044.1	20683.2
中国香港地区	14525.5	17038.7	15152.5	15018.6	16407.8	17273.1	19010.2
阿拉伯联合酋长国	8253.3	8854.0	7481.8	7546.1	7041.9	14759.5	16975.3
英国	9116.9	9331.2	9613.9	6873.6	5904.6	6417.0	7816.7
法国	4734.9	5703.1	5220.0	5274.5	5804.8	6203.4	7391.7
中国	2946.6	2887.8	2370.9	1870.7	1839.2	2488.1	3782.0
新加坡	4441.9	4416.6	3799.2	4021.0	3556.5	3388.3	3597.7
德国	3280.8	3337.0	3218.7	3106.9	3308.7	3546.6	3492.6
日本	2603.0	2688.0	2644.4	2863.2	2994.9	2981.2	3042.8
意大利	2049.3	2241.2	2427.7	2386.5	2848.3	2938.3	2683.1
土耳其	1108.8	1064.0	747.5	727.0	891.0	1158.6	1964.3
越南	877.0	1021.7	1109.8	1320.8	1571.2	1673.9	1701.2
加拿大	1752.8	1784.6	1750.9	1629.8	1597.8	1718.6	1688.3
柬埔寨	831.5	906.9	1054.7	1159.8	1255.1	1584.1	1614.2
澳大利亚	1182.4	1214.2	1181.9	1206.8	1327.5	1326.6	1356.4
韩国	777.6	797.7	773.9	951.7	1031.1	1175.2	1240.0
沙特阿拉伯	603.6	484.5	565.0	626.0	890.9	906.8	1224.4
泰国	901.0	853.3	813.0	777.8	898.0	1002.8	1202.0
印度	1096.9	1032.0	1050.2	818.0	2453.2	1175.9	1022.2

资料来源：联合国教科文组织网站。

如表 3－27 所示，按照收入组统计，高收入国家是全球主要的视觉艺术和手工艺品进口区域，2019 年高收入组进口视觉艺术和手工艺品 123548.8 百万美元，占同期全球该类产品进口的 87%。

表 3－27 2013～2019 年按收入组视觉艺术和手工艺品进口金额 单位：百万美元

类别	2013 年	2014 年	2015 年	2016 年	2017 年	2018 年	2019 年
全球	107957.9	114845.9	112546.4	108051.9	114394.8	133447.0	141852.6
高收入国家	91689.9	98881.9	98151.7	94293.6	98277.8	116201.4	123548.8
中高收入国家	10225.7	10298.7	8491.1	7688.7	8153.3	10081.2	11464.5
中低收入国家	4957.0	4254.4	4542.7	4745.8	6945.6	5870.5	5717.3
低收入国家	1085.5	1410.8	1360.9	1323.8	1018.1	1294.0	1122.1

资料来源：联合国教科文组织网站。

（四）图书和印刷品进口

表 3－28 列出了 2013～2019 年全球主要图书和印刷品进口经济体的进口金额，在此期间，美国一直是全球最大的图书和印刷品进口国。2019 年美国进口图书和印刷品 3198.1 百万美元，占同期全球该产品进口金额的 14.4%。

表 3－28 2013～2019 年按经济体图书和印刷品进口金额 单位：百万美元

经济体	2013 年	2014 年	2015 年	2016 年	2017 年	2018 年	2019 年
美国	2802.2	2836.1	2963.9	2934.5	2940.8	3096.0	3198.1
英国	2068.0	2136.5	1986.0	1784.0	1856.7	1972.3	1965.7
德国	1369.6	1505.6	1643.5	1791.8	1851.7	2027.0	1905.0
加拿大	2294.6	2078.2	1814.8	1742.7	1730.7	1715.4	1625.9
法国	1454.0	1356.4	1096.2	1095.7	1092.8	1135.7	1126.6
中国香港地区	1062.1	1056.7	1084.9	1034.9	960.5	1015.2	926.0
中国	500.1	526.5	548.0	498.2	629.4	854.0	857.3
瑞士	1027.7	996.6	875.5	852.3	837.7	817.2	781.9
澳大利亚	817.6	755.3	608.6	629.8	657.5	694.9	668.4
荷兰	758.9	629.8	597.7	632.8	593.7	617.0	659.6
波兰	157.8	203.9	448.7	394.7	488.3	599.9	592.5

续表

经济体	2013 年	2014 年	2015 年	2016 年	2017 年	2018 年	2019 年
比利时	931.4	786.9	588.6	580.5	585.5	654.8	587.1
澳大利亚	751.3	747.3	655.2	599.4	606.0	591.5	543.8
西班牙	447.3	670.4	408.5	390.1	406.4	444.0	507.6
意大利	430.3	443.7	365.5	376.9	381.2	401.1	413.5
墨西哥	430.6	412.0	382.1	350.6	356.6	376.5	349.1
捷克	265.6	261.5	181.1	291.5	345.3	374.8	333.6
日本	396.3	371.5	304.1	283.5	286.0	275.8	258.4
挪威	353.4	342.1	310.5	317.9	308.0	291.0	246.7
爱尔兰	282.5	295.9	266.5	238.5	247.9	253.9	240.2

资料来源：联合国教科文组织网站。

按收入将国家分组，表 3-29 列出了各组图书和印刷品的进口金额。高收入国家是全球最主要的图书和印刷品进口区域。2019 年高收入国家进口图书和印刷品 18701.7 百万美元，占同期全球同类产品进口金额的 84%。

表 3-29　2013～2019 年按收入组图书和印刷品进口金额　单位：百万美元

类别	2013 年	2014 年	2015 年	2016 年	2017 年	2018 年	2019 年
全球	25546.2	24930.7	22479.0	21720.7	22066.0	23164.0	22168.1
高收入国家	20757.6	20373.2	18650.9	18233.7	18416.7	19296.0	18701.7
中高收入国家	3348.9	3115.6	2569.9	2311.1	2508.6	2814.3	2582.3
中低收入国家	1154.9	1154.6	1059.2	921.3	892.7	819.3	738.0
低收入国家	284.8	287.4	199.0	254.7	248.0	234.4	146.3

资料来源：联合国教科文组织网站。

（五）音像及交互媒体产品进口

表 3-30 显示了 2013～2019 年按经济体音像及交互媒体产

品进口金额，在此期间，美国一直维持着全球音像及交互美元产品进口第一大国的地位。2019 年美国进口音像及交互媒体产品为 3983.3 百万美元，占同期全球同类产品进口金额的 21%。

表 3－30　2013～2019 年按经济体音像及交互媒体产品进口金额 单位：百万美元

经济体	2013 年	2014 年	2015 年	2016 年	2017 年	2018 年	2019 年
美国	5038.5	4691.2	4828.3	3707.3	4709.5	5539.1	3983.3
德国	1169.5	1296.5	1473.3	1115.1	1930.7	2290.8	2173.2
波兰	100.1	356.0	421.1	536.6	1403.2	1693.2	1417.9
日本	1622.3	1428.8	904.6	971.0	1784.1	1639.2	1371.0
中国香港地区	734.5	407.2	560.1	400.2	1456.2	1868.7	1117.7
法国	854.2	891.9	793.0	682.4	1122.8	1160.5	1077.7
英国	1073.7	1521.3	1137.5	920.2	1216.7	1122.8	992.8
西班牙	398.3	396.7	330.4	560.0	1084.5	944.5	820.9
加拿大	574.9	708.1	683.8	542.8	616.4	616.0	531.0
中国	233.0	472.2	335.0	498.9	400.4	358.3	515.1
墨西哥	432.9	556.2	544.5	426.3	461.6	500.2	472.9
荷兰	317.2	323.5	327.3	244.8	285.9	348.4	385.5
阿拉伯联合酋长国	51.7	76.3	64.8	80.4	523.6	327.2	328.0
澳大利亚	277.7	438.2	308.7	303.8	383.1	386.7	314.6
意大利	283.0	348.6	303.3	320.2	365.8	352.6	305.4
比利时	168.3	155.3	133.6	155.1	164.7	210.8	210.6
俄罗斯	166.5	214.8	124.0	73.0	154.7	164.4	197.7
瑞典	143.7	272.2	172.7	135.6	246.8	265.9	190.7
斯洛伐克	38.2	61.6	68.5	87.1	90.9	89.0	163.8
沙特阿拉伯	150.4	179.5	179.9	151.1	151.8	160.6	154.3

资料来源：联合国教科文组织网站。

表 3－31 展示了全球各收入组进口音像及交互媒体产品的金额，可以看出，高收入国家仍然是该类产品的主要进口国。2019

年高收入国家进口音像及交互媒体产品 17077.4 百万美元，占全球该类产品进口金额的 90%。

表 3-31　2013～2019 年按收入组音像及交互媒体产品进口金额　单位：百万美元

类别	2013 年	2014 年	2015 年	2016 年	2017 年	2018 年	2019 年
全球	15701.5	17134.5	15559.3	13616.6	20874.5	22465.8	18850.3
高收入国家	14158.4	15142.3	13992.4	12129.6	19083.7	20595.5	17077.4
中高收入国家	1477.4	1853.7	1448.4	1365.1	1613.9	1579.4	1532.2
中低收入国家	61.6	80.8	67.8	63.9	90.9	103.4	85.9
低收入国家	4.1	57.6	50.6	58.1	86.0	187.5	154.9

资料来源：联合国教科文组织网站。

（六）设计及创意服务产品进口

表 3-32 展示了 2013～2019 年全球设计及创意服务产品进口的主要经济体，在此期间，美国一直维持着设计及创意服务产品进口第一大国的地位。2019 年美国进口设计及创意服务产品 15 百万美元，占全球该类产品进口金额的 20%。

表 3-32　2013～2019 年按经济体设计及创意服务产品进口金额　单位：百万美元

经济体	2013 年	2014 年	2015 年	2016 年	2017 年	2018 年	2019 年
美国	6.0	9.0	7.8	8.7	6.1	2.5	15.0
印度	46.4	38.2	11.0	22.1	17.8	12.5	7.7
阿拉伯联合酋长国	1.1	0.4	3.7	0.3	2.9	1.6	7.4
法国	17.7	11.0	8.0	6.3	5.3	5.4	4.8
葡萄牙	0.8	0.6	1.6	0.3	1.0	0.5	4.3
西班牙	1.8	2.0	1.7	2.2	3.3	1.3	3.6
德国	2.8	2.6	2.2	2.4	2.7	3.1	2.8

续表

经济体	2013 年	2014 年	2015 年	2016 年	2017 年	2018 年	2019 年
英国	2. 1	11. 1	7. 2	2. 1	1. 1	0. 9	2. 6
斯洛伐克	0. 8	0. 5	1. 3	0. 2	13. 4	0. 4	2. 4
荷兰	5. 8	9. 6	6. 9	4. 3	3. 7	2. 2	2. 2
加拿大	1. 1	1. 0	1. 1	1. 1	1. 5	2. 7	2. 0
瑞典	0. 1	0. 3	0. 2	0. 3	0. 6	0. 3	1. 5
巴基斯坦	5. 0	3. 7	2. 0	0. 9	10. 7	6. 7	1. 4
比利时	1. 7	2. 9	2. 5	0. 8	1. 2	0. 9	1. 3
印度尼西亚	1. 3	1. 4	0. 4	0. 6	1. 8	0. 5	1. 0
中国	10. 3	1. 8	1. 8	2. 4	3. 2	1. 9	1. 0
新加坡	5. 9	5. 4	1. 3	1. 3	1. 0	0. 9	1. 0
墨西哥	1. 3	0. 4	1. 4	0. 4	0. 2	0. 3	0. 8
加纳	0. 0	0. 0	0. 1	0. 0	0. 0	0. 3	0. 8
韩国	5. 6	4. 0	1. 6	2. 0	1. 5	0. 6	0. 6

资料来源：联合国教科文组织网站。

表 3 – 33 展示了 2013 ~ 2019 年各收入组国家设计及创意服务产品的进口金额，毫无疑问，高收入组国家仍然是该产品的主要进口国。2019 年高收入组国家进口设计及创意服务产品 57. 6 百万美元，占全球同期该产品进口金额的 77% 。

表 3 – 33　2013 ~ 2019 年按收入组设计及创意服务产品进口金额　单位：百万美元

类别	2013 年	2014 年	2015 年	2016 年	2017 年	2018 年	2019 年
全球	156. 8	262. 3	377. 4	76. 9	116. 9	68. 4	74. 8
高收入国家	70. 4	70. 2	81. 7	38. 0	54. 4	34. 8	57. 6
中高收入国家	22. 8	121. 1	10. 7	10. 5	24. 6	7. 3	5. 2
中低收入国家	59. 4	69. 3	281. 9	26. 4	34. 9	24. 6	10. 7
低收入国家	4. 3	1. 7	3. 1	2. 0	3. 0	1. 7	1. 3

资料来源：联合国教科文组织网站。

第三节 全球文化产品贸易收支

一、全球主要文化产品贸易顺差经济体

表3－34列出了2013～2019年全球主要文化产品贸易顺差经济体的贸易顺差金额，包括中国、印度、英国、意大利、马来西亚、韩国、土耳其、印度尼西亚、新加坡、泰国。其中，中国一直是近年来全球最大的文化产品顺差国。2019年中国文化产品贸易顺差为37717.7百万美元，几乎是排名第二的印度贸易顺差的3倍。

表3－34　2013～2019年主要文化产品顺差经济体　单位：百万美元

经济体	2013年	2014年	2015年	2016年	2017年	2018年	2019年
中国	56444.6	71784.1	42985.5	36103.0	36940.2	39709.4	37717.7
印度	9663.5	11650.2	8298.2	11167.7	9278.8	10716.0	12197.4
英国	1554.8	2555.1	4626.4	3897.3	4612.9	4593.7	10629.1
意大利	6727.9	6573.0	5212.2	4910.9	5246.3	5546.4	5868.1
马来西亚	2669.6	2795.9	3071.8	3049.5	4454.3	4530.8	4340.6
韩国	1576.4	1742.5	1947.1	1662.7	2123.5	1614.5	3733.8
土耳其	2809.7	3797.4	3579.0	3614.1	3777.3	3823.8	3721.2
印度尼西亚	112.7	2081.4	3214.1	4051.8	2528.1	1771.1	1752.0
新加坡	1130.7	1888.1	2363.3	2402.8	2044.1	2331.1	1640.7
泰国	2191.3	2337.8	2100.4	2027.1	1785.2	2002.1	1460.8

资料来源：联合国教科文组织网站。

二、全球主要文化产品贸易逆差经济体

表3－35列出了2013～2019年全球主要文化产品逆差经济体。2016年以前，中国香港地区是全球最大的文化产品贸易逆差地区。2017年以后，美国取代了中国香港地区成为全球最大的文化产品贸易逆差国家。从表3－35可知，全球主要文化产品逆差国不仅包括如美国、瑞士、加拿大、澳大利亚、奥地利等高收入国家，还包括墨西哥、柬埔寨等中低收入国家。

表3－35　　2013～2019年主要文化产品逆差经济体　　单位：百万美元

经济体	2013年	2014年	2015年	2016年	2017年	2018年	2019年
美国	－6623.2	－5038.4	－9777.9	－9030.4	－11718.5	－11833.7	－12764.3
中国香港地区	－20336.4	－22323.7	－20072.6	－19963.7	－9099.0	－8600.1	－7859.7
瑞士	－1187.5	613.2	－672.4	562.0	－1242.0	－5525.3	－7776.5
加拿大	－3909.7	－3960.1	－3422.7	－3097.0	－3324.3	－3454.7	－3140.9
墨西哥	－1103.7	－1335.2	－1347.5	－1481.5	－2097.7	－2943.9	－2552.6
澳大利亚	－2010.6	－2262.8	－2044.7	－1975.3	－2080.9	－2143.6	－1951.7
柬埔寨	－803.7	－862.2	－1038.9	－1154.0	－1252.6	－1581.7	－1611.4
沙特阿拉伯	－330.5	－371.2	－560.2	－363.2	－527.4	－896.6	－1487.6
中国澳门地区	n.a.	－1342.4	－1008.4	－907.9	n.a.	－1099.0	－1058.8
奥地利	－784.1	－913.8	－872.7	－752.5	－889.2	－1062.8	－950.7

资料来源：联合国教科文组织网站。

三、按收入组文化产品贸易收支

表3－36按收入组列出了2013～2019年各类国家的文化产品贸易收支状况，其中，高收入国家一直在文化产品贸易领域保

持逆差，而中高收入国家、中低收入国家、低收入国家一直保持文化产品贸易顺差。这也折射出全球文化产品的贸易生产消费格局，即高收入国家是全球文化产品消费国，而其他国家是全球文化产品的主要生产国。

表 3-36　　2013~2019 年按收入组文化产品贸易收支　　单位：百万美元

类别	2013 年	2014 年	2015 年	2016 年	2017 年	2018 年	2019 年
全球	38813.7	62846.3	32753.1	33239.8	38150.5	32087.7	39224.8
高收入国家	-29012.6	-27603.5	-26794.9	-22751.8	-15090.0	-24815.7	-20154.9
中高收入国家	57995.9	77531.8	51064.7	45038.9	44357.9	45678.4	44153.9
中低收入国家	6180.7	8324.7	4509.8	7412.6	4597.3	6074.5	9099.8
低收入国家	3649.7	4593.3	3973.5	3540.1	4285.3	5150.6	6126.1

资料来源：联合国教科文组织网站。

第四节　本 章 小 结

在过去的十多年间，文化贸易受到 2008 年金融危机的影响，相较全球其他产品贸易，危机后文化产品贸易的复苏更具挑战性，尤其是对于欧洲、美国等高收入国家，因为其受金融危机的影响更大。2012 年，中国经济的放缓也影响全球文化产品贸易发展。

另外，美国虽失去了其全球文化产品出口第一的位置，但同时仍旧保持着文化产品进口第一大国的位置。发达国家或高收入国家在文化产品出口中的作用虽然有所下降，但是仍旧居于进口的主导地位。同时，新兴经济体在文化产品出口中扮演着越来越重要的作用，即使文化产品贸易只是集中在少数几个国家。2013~2019 年，中国、阿拉伯联合酋长国、印度成为全球前十大文化产品出口国。数据表明，南南国家间文化贸易仍旧十分有限，大多数贸易发生在南北国家之间。过去的十多年，以中国为首的发展中国家在文化产品出口中日益崛起，其他新兴发展中国家，如印度、马来西亚、土耳其等也在全球视觉艺术和手工艺品市场中起到重要作用，视觉艺术和手工艺品逐渐在文化产品出口中日益居于主导地位，主要原因是其被视为是投资避风港的黄金价格高企，导致各国对稀有金属制品首饰的需求增加。

第四章

中国文化产品贸易现状

第一节　中国文化产品出口现状

一、中国文化产品出口规模

文化产品出口不仅具有经济效应，而且是传播中国文化、塑造中国文化软实力的重要渠道。伴随着中国文化体制改革，中国文化产品出口规模呈现先升后降的格局。2010 年，中国成为全球最大的文化产品出口国，其对主要文化贸易伙伴出口份额保持稳定。如图 4－1 所示，2013 年中国文化产品出口金额约 63350 百万美元，2015 年中国文化产品出口金额达到峰值，为 79070 百万美元，占同期全球文化产品出口的 30.3%。2016 年以后，随着中国经济增长放缓，中国文化产品出口金额呈下降趋势。2019 年中国文化产品出口金额为 45670 百万美元，占同期全球文化产品出口额比重为 16.8%[①]。

---

① 资料来源：Comtrade 数据库。现有文献有关文化产业的概念、行业范围、统计口径均存在差距，本部分采用《2009 年联合国教科文组织文化统计框架》所确定的文化产品统计范围。

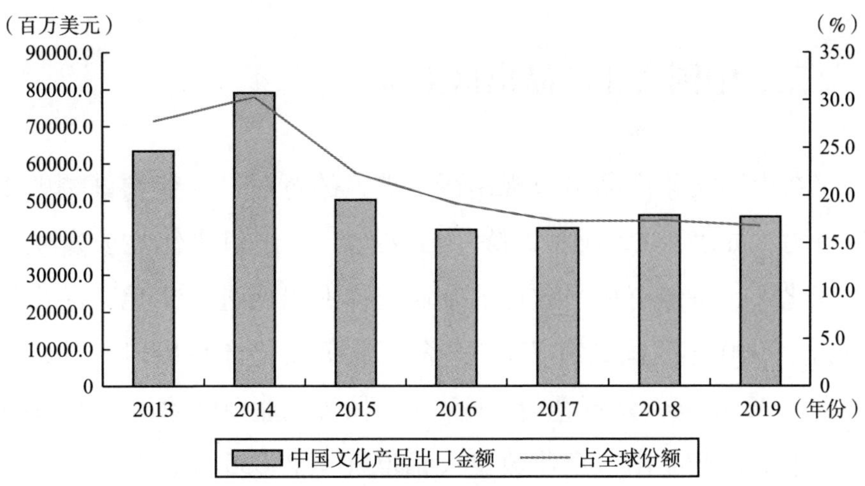

图 4－1　2013～2019 年中国文化产品出口金额及占全球份额

资料来源：Comtrade 数据库。

二、中国文化产品出口产品结构

从表 4－1 可以看出，中国出口文化产品以视觉艺术和手工艺品为主，2019 年这两大类产品约占中国文化产品出口金额的 64%。相较而言，古董、绘画、摄影、报纸、建筑和设计出口额较小。值得注意的是，2013～2019 年，文化和自然遗产在我国文化产品出口中所占比重不断提高。

表 4－1　　2013～2019 中国文化产品出口结构　　单位：百万美元

类别	2013 年	2014 年	2015 年	2016 年	2017 年	2018 年	2019 年
文化和自然遗产	26	25	65	32	10	21	131
表演和庆祝用品	5258	5223	5288	4655	3876	4228	4471
视觉艺术和手工艺品	49375	65275	33773	25847	2434	28184	29267
图书及报刊	2579	2680	2634	2375	2442	2595	2663
音像及交互媒体产品	6100	5855	8398	9227	11844	11043	9131
设计及创意服务产品	14	10	9	9	10	7	8

资料来源：联合国教科文组织网站。

三、中国文化产品出口主体

在中国文化产品出口规模逐年扩大的背后，企业频繁调整出口行为，如表4－2所示，除中国文化产品出口主体性质发生巨大变化外，每年有相当数量的企业选择退出或进入文化产品出口市场。2000年我国共有7761家企业从事文化产品出口，其中国有企业3214家，外资企业2555家，私营企业209家。2006年我国从事文化产品出口企业数量大幅增加至25035家，其中国有企业数量下降至2423家，外资企业、私营企业数量不断增加，分别达5730家、14341家，尤其是从事文化产品出口的私营企业数量增长更快。2006年有12778家企业选择进入文化产品出口市场，同时有6315家企业选择退出文化产品出口市场。

表4－2　2000～2006年中国文化产品出口企业数量　单位：家

年份	总数	国有企业	外资企业	集体企业	私营企业	其他企业	新增企业	退出企业
2000	7761	3214	2555	352	209	1432	n. a.	n. a.
2001	8171	3529	2937	491	560	654	3007	1597
2002	9932	3686	3718	686	1648	194	4315	2554
2003	12781	3551	4180	751	3639	660	5793	2944
2004	16030	3106	4705	730	7126	363	7260	4371
2005	18573	2741	5400	684	9566	84	8209	5667
2006	25035	2423	5730	608	14341	33	12778	6315

注：2005年有98家企业类型数据缺省，2006年有1900家企业类型数据缺省。
资料来源：笔者根据2000～2006年《中国海关总署的企业及产品层面交易数据库》统计。

四、中国文化产品出口贸易方式

企业调整出口行为除了选择进入或退出文化产品出口市场，还包括改变贸易方式、更换出口文化产品种类、调整出口目的市场等。2006 年在我国文化产品出口中，进料加工贸易占 48%，来料加工贸易占 17%，一般贸易占 32%。如表 4－3 所示，2000～2006 年，虽然加工贸易占文化产品出口额的比重有所下降，但是我国文化产品出口依然以加工贸易为主。值得注意的是，在此期间进料加工贸易占比不断上升，来料加工贸易占比显著下降。中国出口贸易方式的转换也体现在文化产品出口领域，2019 年中国文化产品出口中一般贸易占比已上升至 50.38%。

表 4－3　2000～2006 年中国文化产品出口方式　单位：%

<table>
<tr><th>年份</th><th>一般贸易</th><th>来料加工贸易</th><th>进料加工贸易</th><th>其他</th></tr>
<tr><td>2000</td><td>41.41</td><td>32.74</td><td>25.16</td><td>0.69</td></tr>
<tr><td>2001</td><td>32.80</td><td>33.60</td><td>32.70</td><td>0.90</td></tr>
<tr><td>2002</td><td>27.79</td><td>27.55</td><td>43.39</td><td>1.27</td></tr>
<tr><td>2003</td><td>28.15</td><td>23.06</td><td>46.99</td><td>1.80</td></tr>
<tr><td>2004</td><td>28.91</td><td>22.59</td><td>44.40</td><td>4.10</td></tr>
<tr><td>2005</td><td>29.80</td><td>19.50</td><td>46.04</td><td>4.66</td></tr>
<tr><td>2006</td><td>32.01</td><td>16.90</td><td>48.08</td><td>3.00</td></tr>
<tr><td>2018</td><td>44.98</td><td colspan="2">40.66</td><td>14.36</td></tr>
<tr><td>2019</td><td>50.38</td><td colspan="2">33.54</td><td>16.07</td></tr>
</table>

资料来源：中国海关数据。

第二节　中国文化产品进口现状*

一、中国文化产品进口规模

与中国文化产品出口规模呈下降趋势相反，2013～2019 年中

* 本部分内容中国不包含港澳台地区。

国文化产品进口金额保持稳中有升的局面。2013 年中国进口文化产品为 6910 百万美元，占全球文化产品进口总金额的 3.6%。随后，2016 年、2017 年在经历了小幅下降后，2018 年、2019 年中国文化产品进口开始出现扩大趋势。2019 年中国进口文化产品 7950 百万美元，占全球文化产品总进口额的 3.4%。

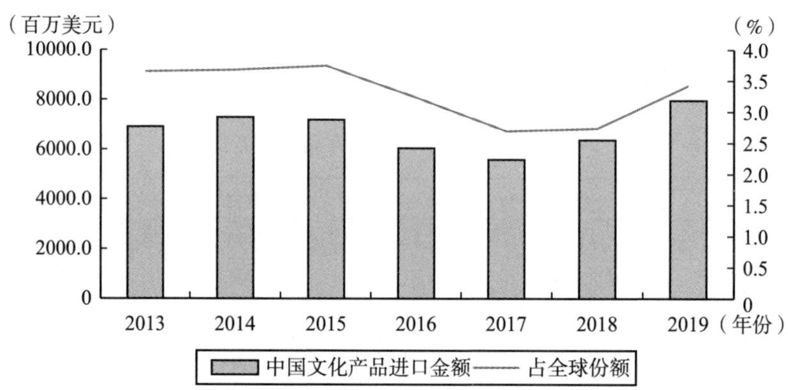

图 4-2 2013～2019 年中国文化产品进口金额及占全球份额

资料来源：联合国教科文组织网站。

二、中国文化产品进口产品结构

如表 4-4 所示，2013～2019 年中国文化产品进口结构发生了较大变化。其中，表演和庆祝用品经历了 2014 年、2015 年的增长之后开始下降，2019 年中国进口该类文化产品 2539.6 百万美元，较 2013 年下降 19%。除了表演和庆祝用品进口下降，设计及创意服务产品进口也快速下降，从 2013 年的 10.3 百万美元削减至 2019 年的 1.0 百万美元。除这两类文化产品外，其余四类文化产品进口呈现上升趋势。其中，2019 年视觉艺术和手工艺品进口额首次超过表演和庆祝用品进口额，成为我国第一大类进口文化产品。

表 4-4　2013~2019 年中国文化产品进口产品结构　单位：百万美元

类别	2013 年	2014 年	2015 年	2016 年	2017 年	2018 年	2019 年
文化和自然遗产	71. 1	109. 2	184. 0	40. 9	31. 7	63. 8	258. 5
表演和庆祝用品	3146. 0	3284. 8	3740. 8	3129. 3	2678. 6	2603. 1	2539. 6
视觉艺术和手工艺品	2946. 6	2887. 8	2370. 9	1870. 7	1839. 2	2488. 1	3782. 0
图书及报刊	500. 1	526. 5	548. 0	498. 2	629. 4	854. 0	857. 3
音像及交互媒体产品	233. 0	472. 2	335. 0	498. 9	400. 4	358. 3	515. 1
设计及创意服务产品	10. 3	1. 8	1. 8	2. 4	3. 2	1. 9	1. 0

资料来源：联合国教科文组织网站。

三、中国文化产品进口地理结构

表 4-5 显示了 2013~2019 年中国文化产品进口的地理结构。2019 年中国文化产品进口主要来源地分别为德国、日本、越南、意大利、法国、瑞士等，主要集中在发达经济体。

表 4-5　2013~2019 年中国文化产品进口地理结构　单位：百万美元

位次	2013 年		2015 年		2017 年		2019 年	
	经济体	累计金额	经济体	累计金额	经济体	累计金额	经济体	累计金额
1	韩国	22. 59	韩国	22. 35	韩国	11. 81	德国	12. 10
2	日本	9. 92	越南	21. 74	德国	7. 68	日本	9. 55
3	德国	9. 30	日本	7. 29	越南	7. 23	越南	9. 24
4	美国	5. 45	德国	6. 90	日本	7. 18	美国	8. 68
5	中国香港地区	5. 33	美国	6. 52	美国	7. 13	意大利	8. 30
6	中国台湾地区	4. 16	意大利	4. 68	意大利	4. 27	法国	7. 08
7	新加坡	4. 13	缅甸	3. 34	中国台湾地区	3. 72	瑞士	4. 48
8	意大利	2. 95	法国	2. 91	泰国	2. 61	新加坡	4. 22

续表

位次	2013 年		2015 年		2017 年		2019 年	
	经济体	累计金额	经济体	累计金额	经济体	累计金额	经济体	累计金额
9	法国	2.14	中国台湾地区	2.89	法国	2.26	中国台湾地区	3.97
10	英国	1.92	新加坡	2.58	新加坡	2.04	英国	3.85
11	瑞士	1.20	中国香港地区	2.30	英国	1.96	中国香港地区	3.76
12	印度尼西亚	1.16	英国	2.22	中国香港地区	1.81	韩国	3.43
13	菲律宾	0.71	印度尼西亚	1.58	瑞士	1.67	泰国	3.10
14	巴西	0.62	泰国	1.53	印度尼西亚	1.61	印度尼西亚	2.11
15	西班牙	0.56	瑞士	1.23	加拿大	1.21	加拿大	1.64

资料来源：根据商务部文化贸易公共信息服务平台数据。

四、中国文化产品进口主体

表4-6展示了2018年和2019年中国文化产品进口主体情况。2019年，外资企业、国有企业和其他企业分别占我国文化产品进口金额的45.29%、25.32%和29.39%。这表明，外资企业在我国文化产品进口贸易中居于主导地位，这可能与外资企业更多地从事加工贸易有关。

表4-6　2018年和2019年中国文化产品进口主体　单位：亿美元

年份	国有企业		外资企业		集体、私营及其他企业	
	金额（亿美元）	占比（%）	金额（亿美元）	占比（%）	金额（亿美元）	占比（%）
2018	21.6	21.93	54.6	55.43	22.3	22.64
2019	29.3	25.32	52.4	45.29	34.0	29.39

资料来源：根据商务部文化贸易公共信息服务平台数据整理。

五、中国文化产品进口贸易方式

表4－7展示了2018年和2019年我国文化产品进口贸易方式组成。2019年，一般贸易、加工贸易和其他贸易分别占中国文化产品进口54.28%、18.67%和27.05%。这表明在我国，文化产品进口贸易方式以一般贸易为主，加工贸易呈现下降趋势。

表4－7　2018年和2019年中国文化产品进口贸易方式　单位：亿美元

年份	一般贸易		加工贸易		其他贸易	
	金额（亿美元）	占比（%）	金额（亿美元）	占比（%）	金额（亿美元）	占比（%）
2018	57.3	58.17	28.7	29.13	12.5	12.69
2019	62.8	54.28	21.6	18.67	31.3	27.05

资料来源：根据商务部文化贸易公共信息服务平台数据整理。

第三节　中国文化产品贸易收支现状

一、中国文化产品贸易收支现状

图4－3展示了2013～2019年中国文化产品贸易收支情况，这期间，中国一直保持着文化产品贸易顺差。2014年，中国文化产品贸易顺差达71784百万美元，随后中国文化产品贸易盈余开始逐年收窄，2019年中国文化产品贸易顺差为37717百万美元。

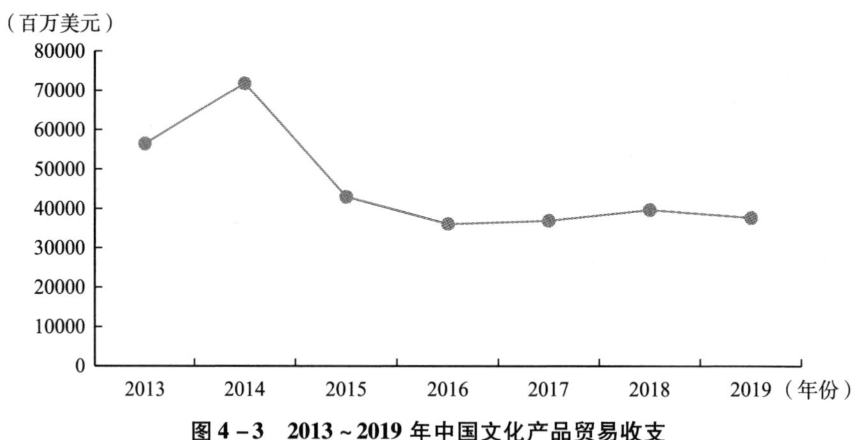

图 4－3　2013～2019 年中国文化产品贸易收支

资料来源：联合国教科文组织网站。

二、中国分类别文化产品贸易收支现状

如表 4－8 所示，2013～2019 年，除文化和自然遗产外，中国在其他五类文化产品领域均保持贸易顺差。其中，视觉艺术和手工艺品是我国顺差最大的文化产品贸易类别。2019 年中国视觉艺术和手工艺品贸易顺差为 25485.1 百万美元，约占同期文化产品贸易顺差的 68%。值得注意的是，在 2014 年视觉艺术和手工艺品顺差达到峰值 62386.9 百万美元后，其顺差金额逐年下降。2013～2019 年，在六大类文化产品中，音像及交互媒体产品、设计及创意服务产品贸易顺差呈扩大趋势，这与我国文化产品产业结构调整有关。

表 4－8　2013～2019 年中国文化产品贸易收支　单位：百万美元

类别	2013 年	2014 年	2015 年	2016 年	2017 年	2018 年	2019 年
文化和自然遗产	－45.4	－84.2	－118.8	－9.1	－22.2	－42.4	－127.6
表演和庆祝用品	2112.3	1937.7	1547.1	1525.4	1197.1	1624.6	1931.3

续表

类别	2013 年	2014 年	2015 年	2016 年	2017 年	2018 年	2019 年
视觉艺术和手工艺品	46428. 1	62386. 9	31401. 6	23975. 8	22501. 9	25695. 5	25485. 1
图书及报刊	2078. 5	2153. 3	2086. 0	1876. 4	1812. 5	1741. 5	1805. 7
音像及交互媒体产品	5867. 1	5382. 7	8062. 8	8728. 2	11443. 6	10684. 8	8616. 0
设计及创意服务产品	4. 1	7. 7	6. 8	6. 3	7. 2	5. 5	7. 2

资料来源：联合国教科文组织网站。

第四节　本章小结

20 世纪 90 年代中期以来，中国崛起成为全球最主要的出口国家，在文化产品领域同样如此。2010 年，中国成了全球文化产品出口第一大国，进一步巩固了其在全球文化产品贸易领域里的地位。与此同时，中国也变成了日益重要的文化产品进口国，2019 年中国位列全球文化产品进口第八，这既反映了文化产品全球生产链的布局，也表明中国对文化产品需求的增加。但目前，我国文化产品仍集中在产业链低端且缺乏高附加值产品。

第五章

中国文化产品出口边际对其国际竞争力影响的实证研究*

文化产品的国际竞争力研究必须把握与提炼文化产品的特殊属性，即文化的产品化和产品的文化化，这是后工业化时代产业发展的特征和消费者多样化需求的体现。本章结合异质性贸易理论，探讨出口边际对中国文化产品的国际竞争力影响。

第一节　相关文献综述

一、有关出口边际的研究

以代表性企业为假设条件的传统国际贸易理论，忽略了企业的异质性，在其分析框架下国际贸易仅沿着集约边际发展。随着企业层面微观数据的披露，众多经验研究证实，企业行为的异质性包括进入或退出出口市场、调整出口产品种类或出口市场等，对总体贸易产生重大影响。为了应对该挑战，梅里茨（Melitz,

---

* 本章内容所指中国不包含港澳台地区。

2003）将企业异质性内生化，建立了异质性企业理论模型，开辟了国际贸易研究的新视角，推动国际贸易研究重点从产业、国家向企业、产品转变。在异质性企业贸易理论分析框架下，贸易不仅沿着集约边际发展，而且沿着扩展边际发展。

实证文献分别从产品、企业、市场维度出发，对出口边际的定义各不相同（Hummels and Klenow，2005；Helpman et al.，2008；Felbermayr and Kohler，2006）。基于产品视角，扩展边际是由出口产品种类增加导致的出口变化；基于企业视角，扩展边际是指由新增加出口企业导致的出口变化；基于出口市场视角，扩展边际是指由建立新的贸易伙伴关系带来的出口变化。相对应地，基于产品视角的集约边际则指原有出口产品出口额变动；基于企业视角的集约边际是指原有出口企业出口额的变动；基于贸易伙伴视角的集约边际是指原出口目标市场在出口额上的变动。国内学者以此为基础，对中国出口增长进行了边际分解。钱学锋（2008）从产品视角对中国2003～2006年出口增长进行分解研究发现，中国的出口增长主要依赖集约边际。陈勇兵等（2012）从企业视角对中国2000～2005年出口增长进行分解发现，尽管期间扩展边际的波动幅度大于集约边际，但中国出口增长主要源于集约边际。

事实上，企业出口决策是一个十分复杂的过程，首先涉及企业是否可以克服贸易成本进入出口市场，其次涉及出口产品种类、出口市场的选择等。因此仅从产品、企业、市场单个维度考察企业出口行为，对出口边际进行分解显得不够全面。伯纳德（Bernard，2009）在异质性企业理论框架下，从企业—产品—市场多维度对出口增长进行了分解，综合考虑了三方面的变动，更好地刻画了企业的出口边际。在其分解框架中，其扩展边际包含两部分，一是由企业进入或退出出口市场引起的出口额变化，二是由持续存在的企业调整出口产品种类或出口市场引起的出口额变化，持续边际为持续存在企业将原出口文化产品种类出口到原市场的金额变化。受此启发，一些学者采用伯纳德（Bernard，2009）提出的方法对出口边际进行分解。陈阵和隋岩（2013）运用2000～2006年中国海关数据，对中国出口增长进行了分解，研究结果表明，扩展边际对出口增长的贡献略高于集约边际，并运用引力模型检验不同贸易成本对中国出口增长二元边际的影响。尽管沿二元边际都可以实现出口增长，但两者对国际竞争力的影响不同。宗毅君（2012）采用6位数级HS微观贸易数据，从产品维度测度中美两国的出口二元边际，实证研究出口增长的二元边际对出口竞争力的影响及贡献度，研究结果表明，扩展边际和集约边际对中美两国竞争力增长均有推动作用，其中，源于新产品种类的扩展边际是美国出口竞争优势的主要来源，但并非中国出口竞争优势的主要来源。杨逢珉和李文霞（2015）从企业维度对中国1996～2013年日本农产品出口进行了边际分解，实证分析结果显示，扩展边际不是中国对日本农产品出口的主要原因，数量边际在短期内可以提高中国对日本农产品出口的竞争力，价格边际对中国农产品出口日本的竞争优势最明显。

在过去的20年，国际贸易的研究对象日益微观化，从产业、国家向产品、企业转变。相关文献利用产品层面、企业层面的微观数据，对进出口贸易进行结构分解，分解的维度也从单一维度过渡到多维度。在为数不多的二元边际与国际竞争力的研究文献中，皆采用时间序列数据，研究中国某一个市场的出口边际对国际竞争力的影响。本章的创新之处体现在两个方面：第一，采用修正的国际市场占有率指数、贸易竞争力指数、显示性比较优势指数，利用熵权法测度中国文化产品在各贸易伙伴市场上的国际竞争力；第二，利用面板数据研究中国文化产品出口边际对其国际竞争力的影响。

二、有关国际竞争力的研究

国际竞争力理论与评估方法：国际竞争力理论是本书的基础，普遍认为竞争力理论包括四个方面，即国家竞争力、产业竞争力、公司竞争力和产品竞争力，分别位居宏观、中观、微观和亚微观层次（金碚，2009）。迈克尔·波特是国家和产业竞争力理论的提出与倡导者，"钻石模型"至今仍被产业竞争力研究者奉为圭臬。企业竞争力理论主要包括企业资源基础论（B. Wernerfelt，1984）、企业能力论（B. Loasby，1995）及核心竞争力论（C. Prahalad，1999）等不同流派。一般认为，独立的产品竞争力理论并不存在，具体产品的竞争力需要与企业竞争力相联系；而抽象产品的竞争力则需与国家和产业竞争力一起分析（裴长洪，2002）。对于国际竞争力的评价而言，本书主要关注企业和产品的国际竞争力评估。目前相关研究并没有一致的结论，比较权威的是美国《财富》杂志从跨国企业销售、利润、资产和就业等方面来分析微观企业国际竞争力。也有学者提出用"价值链分析法""波士顿矩阵法""因素分析法""杠杆管理法""专家评估法"等来度量企业或产品国际竞争力，这些方法的共同特点都是用综合加权法或成本综合比较法来界定竞争力。由于这些方法中存在很多定性指标，不同研究者对定性指标的选择或估算差异很大，因此这些方法对企业产品国际竞争力的度量和评价具有一定的主观性。

文化产品国际竞争力的研究方向：文化产品国际竞争力的相关研究目前主要表现在以下几个方面。文化产品属性研究方面，保罗和安迪（Paul and Andy，2002）认为文化产品的特殊属性在于多变性和跨部门特征。劳伦斯（Lawrence，2002）认为文化产品的特殊属性包括文化产品的效用衡量标准、消费方式等，这些特殊属性使得传统的研究方法无效。在文化产业国别发展研究方面，帕瓦（D. Power，2003）评估了芬兰、丹麦、挪威及瑞士文化产业的现状，纳吉（H. Najib，2004）、科尔斯（B. Beyers，2008）、费赛尔（B. Fesel，2009）分别考察了阿拉伯国家、美国和德国文化产业的发展状况与趋势。在文化产业与区位的关系方面，帕瓦（D. Power，2002）讨论了瑞典文化产业发展与区位的关系，结论是文化产业发展对生产要素和消费市场有特殊要求，这就导致文化产业更容易在一些城市区域形成聚集，因此空间动态性是文化产业成长的关键因素。丹纳赫（G. Danaher，2007）也分析了文化产业发展与区位之间的关系，他认为文化产业发展的决定因素不同于传统产业，创意在文化产业发展中的作用相对传统产业更为重要，因此文化产业应该选择适合创意产生的沿海区域或中心城市。此外，文化产业发展与文化政策也是重要的研究领域，如赫斯蒙德霍和普拉特（D. Hesmondhalgh and C. Pratt，2005）分析了文化产业发展与文化政策之间的关系，结论是文化产业的崛起导致了文化政策的重点从传统领域转向传媒、通信与艺术等新领域，文化政策转向的长期化将会导致文化的进一步工业化。

中国文化产品国际竞争力研究：由于文化产品具有独特的产业和产品内涵，在产业层面要兼顾市场和公共服务的双重导向，在产品层面兼顾提供消费效用和文化熏陶，因此，全面客观地度量文化产品国际竞争力并不容易（赵彦云，2006）。目前，针对文化产品竞争力的国外研究并不多见，基恩（M. Keane，2005）研究了中国对创意文化产业中的影视行业的融资及对出口的影响，结论是文化产业包括传统和现代内容，但是影视出口需以内容为导向，因此融资方向转向影视文化产业的生产、分销等环节有助于提升出口，同时自下而上的融资模式更适合中国文化产业的发展。相比之下，我国学者对中国文化产品的竞争力进行了不少研究。在文化产业整体竞争力及影响因素方面，祁述裕（2004）以电影、广播电视、音像、报刊、出版、娱乐、广告等七个重点文化行业为研究对象，从生产要素、需求状况、企业战略、相关产业、政府行为等五个方面的 67 个竞争力评价指标出发，比较研究了中国与美国、英国等 15 个代表性国家的文化产业竞争力。花建等（2005）将文化产业竞争力归纳为四个方面和七个指标体系，并以此为基础建立了文化产业竞争力指标模型，进而分析了发达国家文化产业在资源、结构、能力、关联、环境等方面所建立起来的分类优势和综合竞争力，并对比分析了中国文化产业在创新活力、产业结构、产业环境等方面的潜力和弱势。在文化产业地区竞争力方面，赵彦云（2006）测度了中国 34 个省份的文化产业竞争力，结论认为中国各地区文化产业竞争力呈两极分化的态势，上海、广东、北京等文化产业竞争力强的地区集中了大部分优势要素，而竞争力较弱的省份则集中了大部分劣势要素。赵有广（2007）提出我国文化产品竞争力提高的紧迫性，指出由于我国有形资源不断减少，日益稀缺，对历史资源更加重视，我国产品的生产成本也会提高，这就为文化产品的生产及出口提供了契机，因此文化产品的出口更加迫切。叶南客等（2008）、雷鸣等（2009）、毕小青等（2009）也分别研究了中国各省域的文化产业竞争力。此外，蒋萍等（2011）应用 DEA 和超效率 DEA 模型分析了中国各省份 2008 年文化产业的投入产出效率，结论是我国文化产业投入产出效率受环境因素影响大，导致投入产出低下的主要原因是规模效应小。魏彦杰等（2011）通过随机指数图模型（ERGM）考察了全球文化产品贸易的专业化与同质化效应，结论是互惠效应与同质化效应是全球文化产品贸易的重要特征，发达国家是维系这种贸易关系的核心力量，发展中国家则处于从属地位。周升起等（2012）则通过 TC 指数和 CA 指数测度了中国创意文化产业的国际竞争力，结论是我国这些产业的国际竞争力仍然处于较低水平，但逐渐提升的演进趋势明显。张立英（2013）探讨了如何增强中国文化产品国际竞争力，通过对其中五大影响因素的分析，指出我国应该加大技术投入及知名品牌等重要影响因素的投入量，进一步提高文化产品的出口，增强竞争力。

总结已有的研究成果，国际竞争力研究已经不再局限于评价指标体系的构建和测评，而是延伸到分析竞争力形成背后的原因；同时更为重视通过少数主体的竞争力对比，寻找竞争力提升的经验和渠道（金碚，2009）。尽管国内外对文化产业国际竞争力已经开展了研究，并获得了不少有价值的研究成果，但主要集中于产业层面，针对产品层面的研究成果很少，且难以反映国际竞争力研究的最新发展趋势。这主要是因为文化产品的特殊属性导致客观全面评价文化产品国际竞争力的指标与方法缺失，而且文化产品的数据可获得性和数据挖掘技术也存在瓶颈。综上分析，客观评估文化产品国际竞争力水平，并探求出口边际对中国文化产品国际竞争力的影响，这正是本章需要努力解决的问题。

第二节　中国文化产品出口边际分解

随着异质性企业贸易理论兴起，企业层面微观数据的披露，出口边际成为近年国际贸易领域的研究焦点。出口边际反映了产品出口的扩张方式和发展前景，尽管沿二元边际都可以实现贸易的总增长，但不同的边际对贸易增长或国际竞争力的贡献不同。不少学者的研究结论表明，中国出口增长绝大部分依赖集约边际，即现有企业在现有产品出口量上的扩张，而扩展边际在中国出口增长中的作用相对较小（钱学锋，2008；陈勇兵等，2012）。

受中国文化产品出口规模不断扩大的现实和异质性企业贸易理论的兴起的启发，本章节旨在探究文化产品出口增长的背后驱动因素和文化产品出口边际对其国际竞争力的影响。这不仅是对国际竞争力、出口边际文献的有益补充，而且对于理解中国文化产品出口增长的驱动力、促进中国文化产品国际竞争力提高和对外可持续发展，具有重要的指导意义。

一、对全球的出口边际测算：动态视角

按照《2009 年联合国教科文组织文化统计框架》，文化产品包括 4 个部分：文化产品、相关文化产品、文化产品的装备和辅助材料、相关产品的装备和辅助材料①。其中文化产品构成文化及相关产业的主体，其他三个方面是文化及相关产业的补充。本章节的研究对象仅限于文化产品，具体包括文化和自然遗产、表演和庆祝用品、视觉艺术和手工艺、书籍和报刊、音像和交

① 在 1986 年文化统计框架的基础上，考虑 1986 年以来文化领域出现的新概念和新业态，联合国发布了《2009 年联合国教科文组织文化统计框架》。相应地，国家统计局修订了《文化及相关产业分类（2004）》，2012 年发布了《文化及相关产业分类 2012》，为了与《2009 年联合国教科文组织文化统计框架》保持一致，我国《文化及相关产业分类 2012》也取消了 2004 年文化产业分类中有关文化产业核心层、文化产业外围层和相关文化产业层的划分。

互媒体、设计和创意，共包括 6 类 85 种 6 位数的 HS2007 编码产品①。

2000～2006 年《中国海关总署的企业及产品层面交易数据库》，该数据库详细记录了每家企业进出口交易，包括企业的性质、贸易方式、口岸、贸易产品的 HS 编码、出口市场、金额、计量单位等。利用该数据库信息，可以观察到出口企业性质、出口贸易方式、出口金额、出口数量、企业退出或进入文化产品出口市场的行为。由于中国海关数据采用 HS2002，对照 HS2002 与 HS2007 转换表，将 85 种 6 位数 HS2007 文化产品转化为 83 种 6 位数的 HS2002 文化产品。

本章节对中国文化产品出口边际分解按照伯纳德（Bernard，2009）的方法。中国文化产品出口从第 t－1 年到第 t 年的变化 Δx_t，可以被分解为以下几部分：

$$\Delta x_t = \sum_{f \in N} x_{f,t} - \sum_{f \in E} x_{f,t-1} + \sum_{f \in C} \Delta x_{f,t} \quad (5-1)$$

其中，f 代表企业，N 是在第 t 年新进入文化产品出口市场的企业集合，E 是在第 t 年退出文化产品出口市场的企业集合，C 是在第 t 年持续存在的企业集合。持续存在企业的出口额变化 $\sum_{f \in C} \Delta x_{ft}$，可以进一步分解为：调整出口产品、出口市场带来的变化，将原产品出口到原市场的金额变化显示如下：

$$\Delta x_{ft} = \sum_{j \in A_f} x_{fj,t} - \sum_{j \in D_f} x_{fj,t-1} + \sum_{j \in G_f} \Delta x_{fj,t} - \sum_{j \in S_f} \Delta x_{fj,t} \quad (5-2)$$

其中，j 代表产品—经济体对②，A_f 是新增的产品—经济体对，D_f

① 文化和自然遗产即古董；表演和庆祝用品包括乐器、录制媒介；视觉艺术和手工艺包括绘画、其他视觉艺术、手工艺、首饰、摄影；书籍和报刊包括书籍、报纸、其他印刷品；音像和交互媒体即电影和视频；设计和创意即建筑和设计图纸。

② “对”表示出口产品类型与出口目的地之间的组合（配对）。

是退出的产品—经济体对，G_f 是持续存在的产品—经济体对出口增加额，S_f 是持续存在的产品—经济体对出口减少额。

据式（5-1）和式（5-2），出口增长可以分为扩展边际和集约边际，扩展边际包含两部分：其一是由企业的退出或进入引起的出口额变化，即式（5-1）的前两项；其二是由持续存在企业调整出口产品—市场对所引起的出口额变化，即式（5-2）的前两项。企业调整出口产品—市场的情形包括，企业出口新的文化产品到原出口市场、出口新文化产品到新市场、出口原有文化产品到新市场。式（5-2）的后两项即代表集约边际，相较第 t-1 年，第 t 年持续存在企业将原有产品出口到原市场的金额变化。

（一）扩展边际之一：企业进入或退出文化产品出口市场

中国文化产品出口规模不断扩大的背后，是企业频繁的进入或退出文化产品出口领域。据统计，2005 年中国有 18573 家企业从事文化产品出口贸易，2006 年有 6315 家企业退出该领域，占 2005 年从事文化产品出口企业总数的 1/3，与此同时，2006 年有 12778 家企业进入文化产品出口领域。这表明，在样本期间虽然有企业退出文化产品出口领域，但更多企业选择进入文化产品出口市场。[①] 如表 5-1 所示，2001~2006 年，由企业退出或进入文化产品出口领域引起的文化产品出口变动额占总出口变动额的百分比分别为 96.54%、48.75%、34.96%、74.94%、25.84%、31.72%，其均值为 52.15%。

---

① 资料来源：《中国海关总署的企业及产品层面交易数据库》。

表 5 – 1　　中国文化产品出口边际分解

边际	类别	2000～2001 年	2001～2002 年	2002～2003 年	2003～2004 年	2004～2005 年	2005～2006 年
扩展边际一	新增企业（百万美元）	836.7	1193.43	953.17	2077.94	1035.46	1417.4
	退出企业（百万美元）	–315.0	–153.68	–547.12	–228.89	–290.11	–454.81
	净进入企业（百万美元）	521.7	1039.75	406.05	1849.05	745.35	962.59
	占总出口变化百分比（%）	96.54	48.75	34.96	74.94	25.84	31.72
扩展边际二	新增产品—市场（百万美元）	2106.3	1861.93	868.81	922.17	1092.82	1385.53
	退出产品—市场（百万美元）	–2317.2	–448.53	–470.09	–545.05	–746.15	–936.72
	净增加产品—市场（百万美元）	–210.9	1413.4	398.72	377.12	346.67	448.81
	占总出口变化百分比（%）	–39.03	66.27	34.33	15.28	12.02	14.79
集约边际	持续产品—市场增加（百万美元）	889.3	1146.42	1878.9	2943.78	4203.92	4783.74
	持续产品—市场减少（百万美元）	–659.7	–1466.78	–1522.09	–2702.48	–2411.14	–3160.11
	净持续产品—市场（百万美元）	229.6	–320.36	356.81	241.3	1792.78	1623.63
	占总出口变化百分比（%）	42.49	–15.02	30.72	9.78	62.15	53.50

（二）扩展边际之二：持续企业调整出口产品或出口市场

文化产品出口的微观数据也表明，持续存在的企业会调整其出口产品种类或更换出口市场。如表 5 – 1 所示，在 2001～2006 年期间，由持续存在企业调整出口产品种类或市场导致的出口额变化占总出口额变化的年均百分比分别为 –39.03%、66.27%、34.33%、15.28%、12.02%、14.79%，其均值为 17.28%。2000～2001 年，扩展边际二占总出口额变化之比为负值，这表明

2001 年持续出口企业大幅度调整出口产品或出口市场，而且退出的产品、市场出口额高于新增加的产品、市场出口额。

（三）集约边际：持续企业将原产品出口到原市场金额的变化

本书定义的集约边际为持续存在的企业将固有的文化产品出口到原有的出口市场的规模的变化。如表 5 - 1 所示，2000 ~ 2006 年集约边际对出口额增加的贡献率分别为 42.49%、-15.02%、30.72%、9.78%、62.15%、53.50%，均值为 30.6%。2001 ~ 2002 年，2002 年集约边际引起的出口额变动对出口额增长的贡献为负。

从 2001 ~ 2006 年的平均值来看，约 30% 的文化产品出口变动由集约边际引致，约 70% 的文化产品变动由扩展边际引致，其中由企业的进入或退出带来的出口额变化约占我国文化产品变动额的 50%。陈阵（2013）采用相同的分解方法，针对同期中国总出口边际分解研究显示，扩展边际一、扩展边际二、集约边际对中国出口增长贡献率分别为 23.9%、30.0%、46.2%。相较之下，扩展边际尤其是由企业进入或退出引起的扩展边际对中国文化产品出口增长的贡献率更高。这与我国文化体制改革有关，2001 年中国加入 WTO，获得稳定外贸发展环境，2002 年 11 月，党的十六大报告首次提出“积极发展文化事业和文化产业”“推进文化体制改革”，部分文化事业单位转制为文化企业，私营企业积极进入文化产品出口市场（范周和杨矞，2018）。

二、对贸易伙伴的出口边际测算：静态视角

本书从全球层面的分解采用的是动态分解法，将 t 年与 t - 1 年

出口企业进行比较，从而分解出扩展边界与集约边际，但是囿于数据的可得性，这种分解方法获得的数据较少，不利于后续的实证分析。本书将从截面角度对中国文化产品出口进行分解，该分解方法采用静态分解法。

据《中国海关总署的企业及产品层面交易数据库》显示，中国文化产品出口的显著特征之一是在各目标市场间存在巨大差异。例如，2006 年中国对最大的文化产品出口市场美国的出口额是4967 百万美元，约是对出口金额前25%的贸易伙伴的275 倍。中国对贸易伙伴 j 的出口额 x_j 可以分解为对 j 出口的企业数量 f_j、产品种类数量 p_j、每种企业—产品对的平均值 $x_j/(f_jp_j)$。由于企业总是在小部分产品交易中活跃，在分解中纳入额外一项来考虑贸易密度，在与国家 j 的贸易中，贸易密度与企业数量、交易产品种类数量负相关。这样，对国家 j 的总贸易是企业数量 f_j、产品数量 p_j、贸易密度 d_j、平均贸易值 $\bar{x}_j$ 的乘积，相关关系如下：

$$x_j = f_jp_jd_j\bar{x}_j \quad (5-3)$$

其中，$d_j = o_j/(f_jp_j)$，o_j 是在对国家 j 的出口中企业—产品对的数量。$\bar{x}_j = x_j/o_j$ 是集约边际，反映了每个企业—市场对的平均值。密度取值范围从 $\min(1/f_j, 1/p_j)$ 到 1，密度与贸易企业数量、产品数量负相关。由于企业总是在可贸易产品中的一小部分产品中交易活跃，密度和贸易企业、贸易产品数量呈负相关。扩展边际是 $f_jp_jd_j$，由企业数量、产品种类、贸易密度三部分组成。

将等式（5－3）两边取对数，以总出口的对数为因变量，各出口边际的对数为自变量，施加约束使各回归系数相加等于 1，各回归系数代表每种边际对总出口额变动的贡献率。如表 5－2 所示，从 2000～2006 年平均来看，集约边际的系数为 1.028，这表明集约边际促进了总出口额增长102.8%；出口企业数量的系数为1.232，这意味着出口企业数量与总出口额正相关。产品种类数量和贸易密度的系数皆为负值，表明产品种类数量、贸易密度和总出口额之间呈现负相关关系，两者系数之和为-1.26，这意味着企业平均出口产品数量带来的扩展边际（$p_j d_j = o_j/f_j$）导致总出口减少126%。企业数量和贸易密度的系数之和为0.755，这意味着产品的平均企业出口数量（o_j/p_j）所带来的扩展边际占总出口额变动的75.5%。以上实证结果表明，在文化产品出口领域，企业的多样化经营（出口多种类产品）减缓了出口增长，而出口同类产品的企业数量的增长促进了出口增长。

表5-2　随截面变化的二元边际分解结果

出口边际		2000年	2001年	2002年	2003年	2004年	2005年	2006年	2000~2006年
集约边际	平均出口	1.151*** (23.68)	1.029*** (28.33)	1.077*** (23.29)	0.984*** (17.05)	1.038*** (17.94)	1.031*** (17.52)	1.012*** (25.05)	1.028*** (62.13)
扩展边际	企业数量	1.120*** (23.80)	1.291*** (27.37)	1.205*** (18.87)	1.360*** (15.88)	1.312*** (16.38)	1.341*** (17.28)	1.351*** (25.04)	1.232*** (51.09)
	产品数量	-0.731*** (-8.93)	-0.886*** (-10.3)	-0.732*** (-7.48)	-0.992*** (-6.36)	-0.868*** (-6.13)	-0.939*** (-6.25)	-1.022*** (-8.73)	-0.784*** (-18.3)
	贸易密度	-0.540*** (-13.7)	-0.434*** (-8.61)	-0.550*** (-10.4)	-0.352*** (-3.16)	-0.482*** (-4.50)	-0.434*** (-3.57)	-0.340*** (-3.48)	-0.477*** (-18.1)
观测值		30	30	30	30	30	30	30	210

无论是从动态视角分解中国对全球的文化产品出口，还是从静态视角分解中国对各贸易伙伴的文化产品出口，本书发现，2000~2006年，中国文化产品出口额增长首先源于出口企业数量

增长，其次是集约边际。

第三节 中国文化产品国际竞争力的数量测度

一、国际竞争力的衡量指标

学者们普遍采用国际市场占有率（MS）、贸易竞争力指数（TC）和显性比较优势（RCA）来衡量产品的国际竞争力。这3个指标的计算公式如下。

（一）国际市场占有率MS

本章节采用修正的国际市场占有率指标，用中国对j国的出口文化产品金额占世界对j国出口文化产品金额的比重来衡量，取值范围（0，1），其计算公式为：

$$MS_{cj} = EXC_{cj}/EXC_{wj} \qquad (5-3)$$

在式（5-3）中，c代表中国，j代表中国文化产品的出口市场，EXC_{cj}代表中国对j国的文化产品出口额，EXC_{wj}代表世界对j国的文化产品出口额。

如表5-3所示，从2000~2006年，中国文化产品在日本经济体的市场占有率呈现下降趋势；中国文化产品在美国、德国、英国、荷兰、意大利、加拿大、韩国、法国、澳大利亚、比利时、泰国、西班牙、新加坡、巴西、墨西哥、俄罗斯、土耳其、印度、马来西亚、沙特阿拉伯经济体的市场占有率出现上升趋势。这表明，2000~2006年，按市场占有率指标衡量，中国在绝大多数样本经济体的竞争力呈现上升趋势。

表 5-3　2000~2006 年中国文化产品在 22 个经济体的市场占有率　单位：%

经济体	2000 年	2001 年	2002 年	2003 年	2004 年	2005 年	2006 年
美国	0.069	0.076	0.110	0.125	0.147	0.163	0.153
德国	0.049	0.046	0.049	0.064	0.116	0.167	0.249
英国	0.028	0.031	0.025	0.050	0.034	0.045	0.056
荷兰	0.056	0.053	0.624	0.548	0.174	0.398	0.319
日本	0.104	0.125	0.134	0.114	0.134	0.099	0.084
意大利	0.066	0.071	0.059	0.064	0.071	0.090	0.097
加拿大	0.022	0.025	0.036	0.043	0.037	0.048	0.044
韩国	0.076	0.075	0.100	0.123	0.115	0.093	0.095
法国	0.025	0.025	0.025	0.025	0.029	0.035	0.036
澳大利亚	0.052	0.071	0.068	0.104	0.100	0.121	0.087
比利时	0.026	0.038	0.033	0.046	0.057	0.067	0.075
泰国	0.040	0.049	0.028	0.035	0.036	0.054	0.067
西班牙	0.050	0.044	0.042	0.046	0.053	0.056	0.069
新加坡	0.043	0.043	0.033	0.023	0.025	0.028	0.047
巴西	0.071	0.099	0.134	0.190	0.275	0.295	0.372
墨西哥	0.009	0.013	0.016	0.020	0.033	0.038	0.049
俄罗斯	0.026	0.052	0.070	0.063	0.095	0.210	0.152
土耳其	0.054	0.039	0.051	0.065	0.073	0.081	0.109
印度	0.033	0.035	0.054	0.073	0.121	0.121	0.100
马来西亚	0.039	0.067	0.091	0.157	0.145	0.155	0.131
沙特阿拉伯	0.138	0.117	0.132	0.149	0.143	0.138	0.165

资料来源：笔者根据资料自行计算。

（二）贸易竞争力指数 TC

贸易竞争力指数（trade competitiveness，TC），表示中国对 j 国文化产品进出口差额占中国对 j 国文化产品进出口贸易总额的比重，取值范围（-1，1），其计算公式如下：

$$TC_{cj}=\frac{EXC_{cj}-IMC_{cj}}{EXC_{cj}+IMC_{cj}} \tag{5-4}$$

在式（5-4）中，c 代表中国，j 代表中国文化产品的出口市场，EXC_{cj}代表中国对 j 国的文化产品出口额，IMC_{cj}代表中国从 j 国进口文化产品金额。

如表 5-4 所示，2000~2006 年，中国文化产品在美国、英国、荷兰、日本、意大利、澳大利亚、比利时、西班牙、新加坡、土耳其、马来西亚经济体的贸易竞争力指数呈现下降趋势；中国文化产品在德国、加拿大、韩国、法国、泰国、巴西、墨西哥、俄罗斯、印度、沙特阿拉伯经济体的贸易竞争力指数呈现上升趋势。

表 5-4　　2000~2006 中国在 22 个经济体的贸易竞争力指数

经济体	2000 年	2001 年	2002 年	2003 年	2004 年	2005 年	2006 年
美国	0.948	0.939	0.860	0.898	0.900	0.887	0.861
德国	0.867	0.869	0.698	0.769	0.899	0.923	0.957
英国	0.895	0.901	0.859	0.919	0.858	0.863	0.873
荷兰	0.945	0.977	0.983	0.988	0.940	0.953	0.931
日本	0.376	0.445	0.351	0.111	-0.012	-0.129	-0.194
意大利	0.842	0.735	0.697	0.781	0.796	0.799	0.796
加拿大	0.958	0.983	0.977	0.984	0.967	0.977	0.976
韩国	-0.322	-0.270	-0.341	-0.204	-0.229	-0.291	-0.193
法国	0.778	0.839	0.894	0.890	0.740	0.781	0.806
澳大利亚	0.922	0.930	0.912	0.907	0.951	0.931	0.917
比利时	0.990	0.992	0.920	0.933	0.987	0.980	0.966
泰国	0.625	0.777	0.989	0.634	0.620	0.787	0.824
西班牙	0.961	0.964	0.781	0.933	0.948	0.933	0.950

续表

经济体	2000 年	2001 年	2002 年	2003 年	2004 年	2005 年	2006 年
新加坡	0.825	0.796	0.492	-0.400	-0.474	-0.627	-0.680
巴西	0.964	0.985	0.999	0.990	0.983	0.978	0.991
墨西哥	0.752	0.791	0.977	0.996	0.997	0.997	0.997
俄罗斯	-0.842	-0.760	-0.195	-0.194	0.689	0.884	0.895
土耳其	0.999	0.999	0.999	0.999	0.999	0.986	0.984
印度	0.883	0.957	0.915	0.887	0.934	0.923	0.919
马来西亚	0.602	0.555	0.319	0.161	0.198	-0.168	0.001
沙特阿拉伯	0.999	0.999	1.000	1.000	0.999	1.000	1.000

资料来源：笔者根据资料自行计算。

（三）显示性比较优势指数 RCA

一国对 j 经济体的文化产品出口额在该国对 j 经济体总出口中所占份额与世界对 j 经济体出口文化产品占世界对 j 经济体总出口份额的比率，该指标剔除了国家总量和世界总量波动的影响，可以较好地反映一国某产业与世界平均水平的相对优势，取值范围（0，+∞），其计算公式如下：

$$RCA_{cj} = \frac{EXC_{cj}/EXT_{cj}}{EXC_{wj}/EXT_{wj}} \qquad (5-5)$$

在式（5-5）中，c 代表中国，j 代表进口国，EXC_{cj}代表中国对 j 经济体的文化产品出口额，EXC_{wj}代表世界对 j 经济体的文化产品出口额，EXT_{cj}代表中国对 j 经济体的总出口额，EXT_{wj}代表世界对 j 经济体的总出口额。

如表 5-5 所示，2000～2006 年，中国文化产品在美国、英国、日本、意大利、加拿大、韩国、法国、澳大利亚、泰国、西班牙、新加坡、土耳其、沙特阿拉伯经济体的显示性比较优势指数呈现下降趋势；中国文化产品在德国、荷兰、比利时、泰国、巴西、墨西哥、俄罗斯、印度、马来西亚经济体的显示性比较优势指数呈现上升趋势。

表 5－5　　2000～2006 中国在 22 个经济体的显示性比较优势指数

经济体	2000 年	2001 年	2002 年	2003 年	2004 年	2005 年	2006 年
美国	1.659	1.508	1.891	1.766	1.798	1.746	1.460
德国	2.630	2.092	2.098	2.199	3.499	4.031	5.727
英国	1.641	1.511	1.168	1.954	1.125	1.271	1.448
荷兰	1.669	1.300	13.343	9.494	2.667	4.830	3.733
日本	0.946	0.890	0.935	0.737	0.832	0.613	0.535
意大利	4.128	3.799	3.035	2.857	2.734	2.973	2.716
加拿大	1.637	1.495	1.851	1.854	1.238	1.297	0.993
韩国	1.082	0.776	0.978	1.096	0.932	0.697	0.663
法国	2.066	1.811	1.861	1.248	1.265	1.449	1.374
澳大利亚	1.077	1.166	1.089	1.485	1.239	1.380	0.898
比利时	2.026	2.437	2.245	2.745	2.772	2.754	2.701
泰国	1.108	1.110	0.605	0.695	0.581	0.820	0.898
西班牙	3.620	2.754	2.673	2.478	2.527	1.939	1.974
新加坡	1.015	0.790	0.552	0.351	0.342	0.332	0.491
巴西	3.261	3.634	4.332	4.277	4.696	4.513	4.655
墨西哥	1.149	1.063	0.927	1.064	1.314	1.529	1.436
俄罗斯	0.390	0.739	0.918	0.603	0.789	1.578	1.334
土耳其	2.711	2.237	2.392	2.175	2.524	2.240	2.080
印度	1.123	0.845	1.216	1.587	2.021	1.914	1.227
马来西亚	1.231	1.386	1.432	2.102	1.891	1.679	1.276
沙特阿拉伯	3.633	2.455	2.550	2.554	2.313	2.155	2.290

资料来源：笔者根据资料自行计算。

二、利用熵权法计算国际竞争力综合指数

在计算出 2000～2006 年中国对 j 经济体的 MS 指数、TC 指数、RCA 指数的基础上，采用熵权法合成中国对 j 经济体的文化产品国际竞争力指数 Y。具体方法如下：将 2000～2006 年中国对 j 经济体文化产品的 MS 指数、TC 指数、RTA 指数组成面板序列，将 3 个指标序列做标准化处理；运用熵权法计算得到 3 个评价指标的权重；基于 3 个指标的权重、标准化值求加权和，在乘以 100%，即可得到 2000～2006 年中国对各个经济体文化产品的国际竞争力指数 Y。

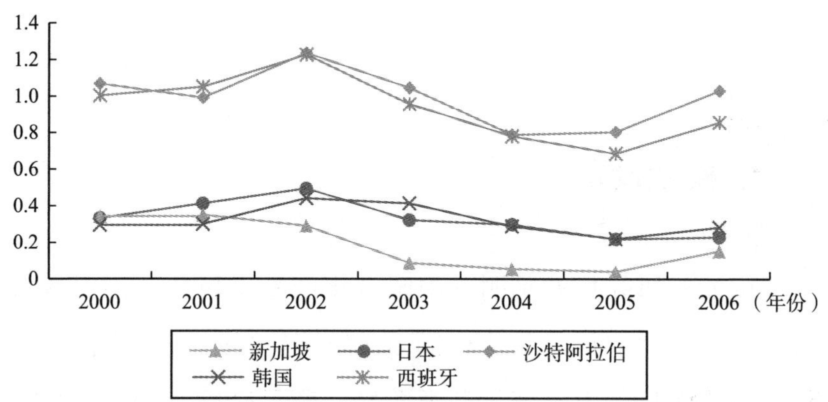

图 5－1　2000～2006 年中国在以上经济体的文化产品国际竞争力呈下降趋势

如图 5－1、图 5－2 所示，2000～2006 年中国的文化产品国际竞争力在日本、沙特阿拉伯、新加坡、韩国、西班牙出现下降趋势；在美国、德国等其他 15 个经济体中，中国的文化产品国际竞争力呈现上升趋势。

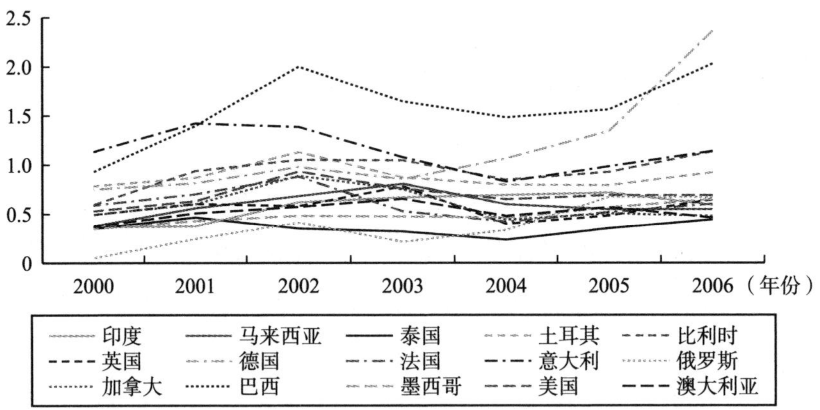

图 5－2　2000～2006 年中国在以上经济体的文化产品国际竞争力呈上升趋势

第四节　中国文化产品出口边际对其国际竞争力影响的实证研究

一、模型设定

本章节的研究目的是明确中国文化产品出口边际对其国际竞争力的影响，故解释变量为中国对 j 经济体出口文化产品的集约边际、企业数量、出口产品种类数量、贸易密度。为尽可能控制文化产品国际竞争力的影响因素，本书在实证模型中纳入一系列控制变量如下：

$$\mathrm{Ln}(Y_{cjt}) = \partial_0 + \partial_1 \mathrm{Ln}(INT_{cjt}) + \partial_2 \mathrm{Ln}(FIR_{cjt}) + \partial_3 \mathrm{Ln}(PRO_{cjt}) + \partial_4 \mathrm{Ln}(DEN_{cjt}) + \partial_5 \mathrm{Ln}(X_t) \tag{5-6}$$

Y_{cjt}代表第 t 年中国对 j 经济体的文化产品出口国际竞争力，INT_{cjt}代表第 t 年中国对 j 经济体出口的集约边际，FIR_{cjt}代表第 t

年中国对 j 经济体出口的企业数量，PRO_{cjt} 代表第 t 年中国对 j 经济体出口的文化产品种类数量，DEN_{cjt} 代表第 t 年中国对 j 经济体出口密度，Xt 代表控制变量，包括中国对 j 经济体出口文化产品贸易方式（TYP）、中国对 j 经济体出口文化产品企业性质（PRI）。

二、变量选取和数据来源

本章节选取中国对如下 30 个经济体的文化产品出口为样本，包括美国、中国香港地区、德国、英国、荷兰、日本、阿拉伯联合酋长国、意大利、加拿大、韩国、法国、贝宁、澳大利亚、比利时、泰国、西班牙、新加坡、尼日利亚、巴西、墨西哥、中国台湾地区、俄罗斯、多哥、土耳其、伊朗、印度、马来西亚、印度尼西亚、巴拿马、沙特阿拉伯。2006 年，中国对这 30 个经济体的文化产品出口占中国文化产品总出口额的 90% 以上（时间样本为 2000 ~2006 年）（见表 5 -6）。

表 5 -6　　变量选取及资料来源

变量名	变量描述	数据来源
Y	中国对 j 经济体的文化产品国际竞争力	笔者根据 Comtrade 数据自行计算
INT	集约边际	笔者根据中国海关数据自行计算
FIR	中国对 j 经济体出口文化产品的企业数量	笔者根据中国海关数据自行计算
PRO	中国对 j 经济体出口的文化产品种类数量	笔者根据中国海关数据自行计算
DEN	中国对 j 经济体文化产品出口密度	笔者根据中国海关数据自行计算
TYP1	在中国对 j 经济体文化产品出口中一般贸易占比	笔者根据中国海关数据自行计算
TYP2	在中国对 j 经济体文化产品出口中进料加工贸易占比	笔者根据中国海关数据自行计算
PRI	私营企业在中国对 j 经济体文化产品出口中的比重	笔者根据中国海关数据自行计算

三、实证结果

首先将面板数据看成是截面数据，进行混合回归，其结果如表5－7第2列。由于每个出口市场情形不同，可能存在不随时间而变的遗漏变量，故考虑使用固定效应模型（FE）。在固定效应模型的输出结果中包含一个F检验，其原假设"H_0：混合回归是可以接受的（所有ui=0）"，F检验的p值是0.000，故强烈拒绝原假设，即认为FE明显优于混合回归。为了做进一步确定，使用LSDV来考察，由回归结果可知，所有个体虚拟变量均很显著（p值为0.000），故应该拒绝"所有个体虚拟变量都为0"的原假设，即认为存在个体效应，不应使用混合回归。其次对模型进行了随机效应回归，Hausman检验表明，固定效应模型更为合适。个体固定效应模型解决了不随时间而变但随个体而异的遗漏变量问题，类似地，引入时间固定效应可以解决不随个体而变的但随时间而变的遗漏变量问题。既考虑个体固定效应，又考虑时间固定效应，即双向固定效应模型（two-way FE）。

表5－7　　回归结果

变量	混合回归（OLS）	固定效应（FE）	双向固定效应（Two-way FE）
Ln（INT）	0.933*** （0.302）	1.000*** （0.265）	0.905*** （0.199）
Ln（FIR）	－0.271 （0.339）	－0.095 （0.170）	0.934** （0.383）
Ln（PRO）	0.054 （1.143）	2.074*** （0.527）	0.341 （0.741）

续表

变量	混合回归（OLS）	固定效应（FE）	双向固定效应（Two-way FE）
Ln（DEN）	0.621 (0.905)	1.508** (0.688)	0.975 (0.776)
Ln（TYP1）	0.675* (0.367)	-0.140 (0.162)	-0.060 (0.209)
Ln（TYP2）	0.119 (0.143)	-0.311* (0.153)	-0.263** (0.103)
Ln（PRI）	0.141* (0.071)	-0.093* (0.047)	-0.160** (0.057)
常数项	-5.546* (3.158)	-14.384*** (3.078)	-15.696*** (2.830)
市场固定效应	否	是	是
年份固定效应	否	否	是
拟合优度	0.327	0.538	0.756

注：表中括号内数据为对应回归系数的标准差；***、**、*分别表示回归结果在1%、5%、10%的水平上显著。

由实证结果可知，集约边际（INT）的系数显著为正，这表明集约边际提高了中国文化产品国际竞争力。与一般产品相比，文化产品的特殊属性表现为消费理性成瘾性，即消费者过去对某种商品的消费会增加其现在对这种商品的消费。其原因在于，文化产品的消费需要消费资本的累积，随着人们消费文化产品数量和时间的累积，文化产品的消费成本下降，同时对文化产品的需求增强。集约边际代表持续地向固定消费群体出口同一种文化产品，这有利于培育出国外消费者对中国文化产品的理性消费成瘾性，促进中国文化产品出口，从而带动我国文化产品国际竞争力的提升。

在三种扩展边际中，企业数量（FIR）的系数显著为正，产品数量（PRO）、贸易密度（DEN）的系数不显著。这意味着文化产品出口企业数量的增加提高了中国文化产品的国际竞争力，而出口文化产品种类数量、贸易密度对中国文化产品国际竞争力没有产生明显影响。随着中国文化体制改革的推进，国有文化企业转企改制，外资企业、民营企业积极参与市场竞争，在图书出版、影视制作、设计创意等方面涌现出一些精品，走出国门，极大地提高了文化产品国际竞争力。

一般贸易占文化产品出口的比重（TYP1）系数不显著，进料加工贸易占比（TYP2）系数显著为负。实证结果显示，在我国文化产品出口贸易中，一般贸易占比的上升对提高我国文化产品国际竞争力没有显著影响；而进料加工贸易占比上升甚至对我国文化产品国际竞争力产生负面影响。这可能与进料加工方式、本章节国际竞争力指数构成有关，进料加工在海关统计上表现出“大进大出”，可能导致 TC 指数下降，从而导致国际竞争力下降。

私营企业出口占比（PRI）的系数显著为负，这表明私营企业出口占比越大，我国文化产品国际竞争力越弱。虽然私营企业数量在所有文化产品出口企业中占比越来越大，但是出口规模普遍偏小，企业规模也较小。

四、提高中国文化产品国际竞争力的对策

首先，本章节借鉴伯纳德（Bernard，2009）提出的企业—产品—市场层面的二元边际分解方法，测算了中国文化产品出口扩展边际和集约边际；接着又构建和计算了中国文化产品出口国际竞争力指数；然后通过跨国面板模型，实证分析了扩展边际、集

约边际对国际竞争力的影响。研究结果表明，中国文化产品出口额增长主要源于出口企业数量增长。其次是集约边际；集约边际和出口企业数量对中国文化产品国际竞争力提升也产生了积极作用，出口产品种类、贸易密度对中国文化产品国际竞争力无显著影响。据此，提高中国文化产品国际竞争力的对策建议如下。

（1）继续深化文化体制改革，推进转企改制，建立现代企业制度，鼓励更多地企业进入文化产品出口领域，赋予文化产业活力，从而进一步提高我国文化产品的国际竞争力。

有序推进国有文化企业的转企改制。做优做强做大一批国有文化企业，支持国有资本与非国有资本合作，推进国有文化企业混合所有制改革。增强民营文化企业在市场中的力量，支持有条件的民营文化企业通过联合重组等方式做大做强，培育和发展具有自主知识产权和核心竞争力的大型民营文化企业集团。推进龙头文化企业在跨地区、跨领域、跨行业进行的资源整合及兼并重组，吸引世界级企业对我国龙头文化企业的投资。建立龙头文化企业的追踪服务制度，以一批“高成长性、高附加值、高带动性”的文化项目为引领，积极扶持龙头文化企业成为文化产业链的系统整合者和产业组织者。加快推进包括文化众筹、文化众创等在内的互联网金融发展，助推龙头文化企业上市。充分发挥龙头企业“头雁效应”，带动中小微文化企业快速成长，形成大中小企业协同发展的产业生态。引导中小微文化企业主动融入龙头企业供应链，加强技术改造、技术创新和管理提升，积极为大企业协作配套。

（2）鉴于文化产品的消费成瘾性，鼓励企业沿集约边际出口文化产品。企业应该加强对现有文化产品出口市场的维护，持续对原有市场出口文化产品，培育国外消费者对文化产品的消费成瘾性，进而形成文化产品出口与国际竞争力提升的良性循环。

创新文化贸易工作机制。建立由商务、宣传、文化、新闻出版、广电、海关、外管等部门共同参加的推动对外文化贸易工作联系机制；建立文化产品、文化服务出口企业信息库；建立健全文化出口统计体系。强化问题导向、目标导向、结果导向，建立健全文化贸易考核机制，分解工作指标、细化考核指标，完善文化贸易服务保障，重点支持蕴含中国文化“基因”的文化产品走出去，搭建对外文化贸易公共信息服务平台、IP授权 B2B 平台、文化产品和服务内容等国际开发运营平台。加大对具有国际影响力的优质文化贸易企业在信贷、保险、担保、外汇管理等方面的金融支持力度。成立优秀传统文化走出去基金，对相关文化产业项目、精品力作予以资金扶持与奖励。简化文化产品出口的行政审批流程，为文化企业的出口提供通关便利。加强知识产权保护，及时提供海外知识产权、法律体系及适用等方面咨询服务，支持文化企业开展涉外知识产权维权工作。

（3）推进文化企业合并重组，打造一批有实力、有竞争力和影响力的文化企业或文化企业集团，支持有条件的文化企业进入主板、创业板上市融资，拓宽文化企业融资渠道，做大做强文化企业。国外发展经验表明，发达的文化产业市场结构具有典型的“J”型结构特征，其强调为数不多的几家龙头文化企业与众多中小型文化企业互相依托、互相支撑的市场格局。龙头文化企业在促进文化品牌建立、克服文化产业发展中的鲍莫尔成本病、为融资营销提供多样化渠道、促进文化对外贸易、推动版权授权业务发展、推进国际兼并重组进程等方面具有比较优势。然而，我国龙头文化企业大部分是国有文化企业，不管在经营规模、还是战略性新兴产业培育、抑或是资本市场运作方面与跨国文化产业集团都有较大的差距，导致龙头文化企业大而不强。这就需要加快推进国有文化企业混合所有制改革，降低行业进入壁垒，扶持壮大龙头文化企业、隐形冠军文化企业和独角兽文化企业，培育一批引导文化产业发展的战略投资者。

第五节　本章小结

本章以修正的国际市场占有率指数、贸易竞争力指数、显示性比较优势指数为基础，利用熵权法测算出中国文化产品在各贸易伙伴市场上的国际竞争力，结果表明在2000～2006年间中国的文化产品国际竞争力在日本、沙特阿拉伯、新加坡、韩国、西班牙几国中出现下降趋势，在包括美国、德国等其他15个经济体中中国的文化产品国际竞争力出现上升趋势。

利用面板数据研究中国文化产品出口边际对其国际竞争力的影响。结果表明，集约边际提高了中国文化产品国际竞争力，而出口文化产品种类数量、贸易密度对中国文化产品国际竞争力没有产生明显影响。

第六章

中日韩文化产品国际竞争力对比

在全球文化产业快速发展的大背景下，同属东方文化体系的中日韩三国的文化产品贸易也有了较大发展。本章采用国际市场占有率、贸易竞争优势指数、显示性比较优势指数测度，并对比中日韩三国的文化产品国际竞争力，基于波特的钻石模型，分析三国文化产品国际竞争力的影响因素。

第一节　中日韩文化产品国际市场占有率对比

国际市场占有率（international market share，MS）是某个国家某种产品的出口额占世界这种产品总出口额的比重。反映了一国某种产品面对世界其他各国所拥有的竞争力，其计算公式为：

$$MS_{ab} = X_{ab}/X_{wb} \tag{6-1}$$

式（6－1）中，MS_{ab}是指 a 国家 b 产品的国际市场占有率，X_{ab}代表的是 a 国家 b 产品的出口额，X_{wb}代表的是世界 b 产品的总的出口额。

如表 6－1 所示，2013～2019 年中国文化产品的出口额远远高于日本和韩国。2014 年中国文化产品出口金额达 790.7 亿美元，但自 2015 年以来，我国文化产品出口金额出现较大规模下降，而同期韩国、日本文化产品出口保持增长态势。

表 6-1　中日韩及世界 2013~2019 年文化产品出口额　单位：亿美元

年份	中国	日本	韩国	世界
2013	633.5	49.2	33.0	2282.5
2014	790.7	50.8	33.6	2612.1
2015	501.7	48.1	34.7	2248.9
2016	421.4	56.5	34.1	2202.5
2017	425.2	60.2	41.1	2456.4
2018	460.8	66.9	42.8	2650.8
2019	456.7	60.3	67.4	2717.1

资料来源：SUSTAINABLE DEVELOPMENT GOALS.

如图 6-1 所示，2013~2019 年我国文化产品的国际市场占有率一直居于较高水平。在 2014 年达到峰值 30.3% 以后，我国

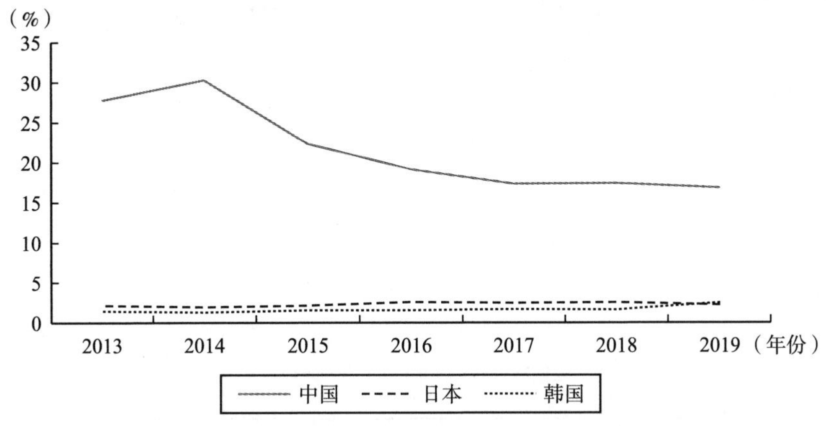

图 6-1　中日韩 2013~2019 年文化产品国际市场占有率

资料来源：SUSTAINABLE DEVELOPMENT GOALS.

文化产品的国际市场占有率呈逐年下降趋势。这表明随着中国经济增速进入新常态，中国文化产品国际市场占有率也开始下降。同期，日本和韩国的国际市场占有率维持小幅上升的状态。

表6－1和图6－1的分析是基于中日韩文化产品的总出口额，而三国文化产品的不同类别的竞争力也会有所不同。以2019年为例，对照分析中日韩文化产品不同类别的竞争力状况。如表6－2所示，2019年在六大类文化产品中，除表演和庆祝用品以外，我国的视觉艺术和手工艺品、文化和自然遗产、视觉艺术和工艺品、书和印刷品、音像和交互媒体产品这五大类文化产品的出口额都高于日韩两国，对应的国际市场占有率也高于日韩。

表6－2　2019年中日韩文化产品分类别的出口额和MS值

文化产品类别	中国出口额（亿美元）	日本出口额（亿美元）	韩国出口额（亿美元）	中国MS值（%）	日本MS值（%）	韩国MS值（%）
表演和庆祝用品	44.71	14.93	48.61	10.14	3.39	11.03
视觉艺术和手工艺品	292.67	22.58	17.27	16.20	1.25	0.96
文化和自然遗产	1.31	0.14	0.01	2.76	0.30	0.02
设计和创意服务产品	0.08	0.04	0.009	7.30	3.30	0.84
书和印刷品	26.63	1.35	1.49	11.53	0.58	0.65
音像及交互媒体产品	91.31	21.21	0.03	48.03	11.16	0.01

资料来源：笔者根据联合国数据库相关数据计算所得。

虽然MS值在一定程度上能够反映一国某产品出口的竞争力，但是并不能客观地比较不同国家同一产品的国际竞争力，因为其受到各国经济规模的影响。具体而言，由于我国的资源相对日本韩国更加充足，文化产品的生产和出口都会大大超过日本和韩国，在此基础上，用国际市场占有率去衡量国际竞争力有失全面。因此，客观全面地评价中国、日本和韩国文化产品的国际竞争力，还需要对其贸易竞争优势指数和显示性比较优势指数进行分析。

第二节　中日韩文化产品贸易竞争优势指数对比

贸易竞争优势指数（trade competitiveness index，TC）是一国某商品出口和进口的差额与其出口和进口的总额的比例。它表明了在世界市场中本国所生产的某种产品的竞争优势及其水平，还排除了不可控因素对于竞争力的影响。譬如价格变动综合了产品进口和出口两方面的影响，是国际竞争力测算的相对性的指标，计算公式为：

$$TC=(X_{ab}-Y_{ab})/(X_{ab}+Y_{ab}) \tag{6-2}$$

其中，X_{ab}表示a国家b产品的出口额，Y_{ab}表示a国家b产品的进口额。根据计算结果能够看出该国某产品在国际市场上属于净出口国家或是净进口国家。TC值的取值范围为［-1，1］，值越大表示其文化产品的国际竞争力越强。若是$-1<TC<0$，则说明a国b产品的出口额小于进口额，而在$TC=-1$时，a国就只有进口额，出口额为0；如果$TC=0$，则说明a国b产品的出口额等于进口额。那么a国的b产品就是产业内贸易；要是$0<TC<1$，

则说明 a 国的 b 产品出口额高于进口额，说明 a 国 b 产品的竞争力较强。

从图 6－2 中可以看到，2013～2019 年我国文化产品的 TC 值，整体呈现下降趋势，在 2014 年达到峰值 0.83，拥有比较强的竞争力。同期，日本文化产品的 TC 值表现出波动状态，其 TC 值基本在 0 附近徘徊。其中，2013～2016 年处于上升态势，2013 年日本文化产品 TC 值为－0.11，2016 年日本文化产品 TC 值为 0.01。2017～2019 年，日本文化产品 TC 值呈现波动状态。2013～2019 年，韩国文化产品的 TC 值在波动中保持上升趋势。2013 年，韩国文化产品 TC 值为 0.31，在 2015 年攀升至 0.39，随后在 2019 年保持在 0.38。

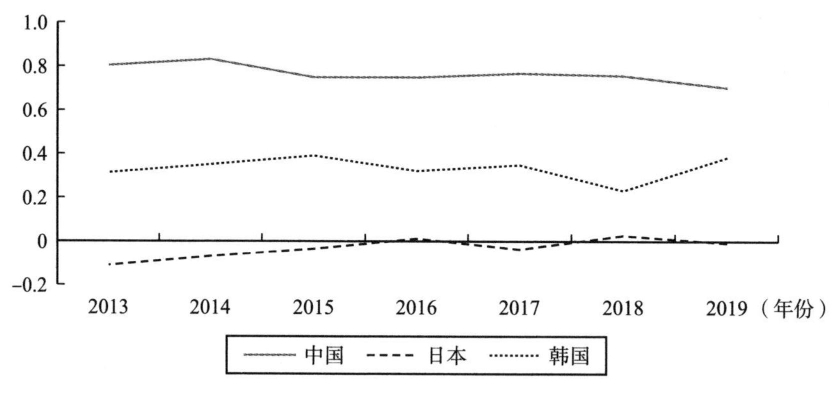

图 6－2　中日韩 2013～2019 年文化产品 TC 值

资料来源：笔者根据联合国数据库相关数据计算所得。

在表 6－3 中可以看出，2019 年我国除古董、摄影、报纸，其他文化产品都是出口大于进口。和日本相比，我国古董、录制媒介、摄影、报纸、建筑和设计的 TC 值均低于日本，竞争处于劣势，而乐器、绘画、其他视觉艺术、手工艺、首饰、书籍、电影和视频等处于优势。与韩国比较，我国的乐器、绘画、其他视觉艺术、首饰、书籍、其他印刷品、电影和视频、建筑和设计的TC值高于韩国，具有竞争优势。而在韩国文化产品中，除录制媒介、手工艺、摄影、建筑和设计之外的文化产品TC值均小于0，出口小于进口。

表6-3　　2019年中日韩文化产品分类别的TC值

文化产品类别	中国TC值	日本TC值	韩国TC值
古董	-0.630	-0.470	-0.298
乐器	0.760	0.060	-0.380
录制媒介	0.091	0.204	0.386
绘画	0.754	-0.560	-0.590
其他视觉艺术	0.930	-0.697	-0.401
手工艺	0.698	0.348	0.909
首饰	0.945	-0.107	-0.296
摄影	-0.709	0.762	0.280
书籍	0.659	-0.291	-0.235
报纸	-0.839	-0.322	-0.379
其他印刷品	0.983	-0.882	-0.008
电影和视频	0.851	-0.311	-0.948
建筑和设计	0.680	0.880	0.130

资料来源：笔者根据联合国数据库相关数据计算所得。

总体来说，我国在乐器、绘画、其他视觉艺术、首饰、书籍、其他印刷品、电影和视频方面相对于日本和韩国拥有竞争优势，日本在摄影、报纸、建筑和设计方面比中国和韩国更具有竞争优势，韩国在古董、录制媒介、手工艺方面比其他两国更具有优势。通过对比TC值发现，我国的电影和视频比日本和韩国更具有优势，对此结果要谨慎看。这主要是因为文化产品统计贸易数据是根据2009年联合国教科文组织文化统计框架提供的HS号码统计的，在框架中文化产品中的电影和视频具体是指已曝光和冲洗的电影胶片及电视游戏，而实际的电影收入却远远高于电影胶片的价值。

第三节　中日韩文化产品显示性比较优势指数对比

显示性比较优势指数（revealed comparative advantage index，RAC）是美国经济学家贝拉·巴拉萨于1965年提出的，计算的是某个国家某产业的出口额在该国出口总额中的份额与世界该产业出口额在世界出口总额中的份额之间的比例。该研究可以很好地说明与世界该产品出口的平均水平相比，该国该产品出口所具备的竞争优势。其计算公式为：

$$RAC = (X_{ab}/X_a)/(X_{wb}/X_w) \quad (6-3)$$

其中，X_{ab}是指a国b产品出口额，X_a是指a国在国际市场的总出口额，X_{wb}是指国际市场上b产品的总出口额，X_w是指国际市场的总出口额。显示性比较优势指数表现了不同国家以及不同产品在世界市场中的份额，反映一国产品在世界市场中的竞争力。若是RAC值小于0.8，那么a国b产品的国际竞争力微弱，缺乏竞争优势；若是RAC值在0.8~1.25，则说明a国b产品的竞争力居于中等水平；若是RAC数值在1.25~2.5，则说明a国b产品的竞争力较强；若是RAC数值大于2.5，则说明a国b产品的国际竞争力很强。

从图6-3中看出，2013~2019年，我国文化产品的RAC数值在2014年达到峰值2.34以后，一直保持下降趋势，但仍然维持在1.25以上。这表明我国文化产品竞争力从竞争力较强状态下滑到中等竞争力状态。同期日本文化产品RCA指数保持小幅增长态势，2013年日本外文化产品RCA指数为0.55，2019年该值为0.57。同期，韩国文化产品RCA指数表现出大幅增长态势。2013年韩国文化产品RCA指数仅为0.47，2019年韩国文化产品RCA指数已经增长至0.83。

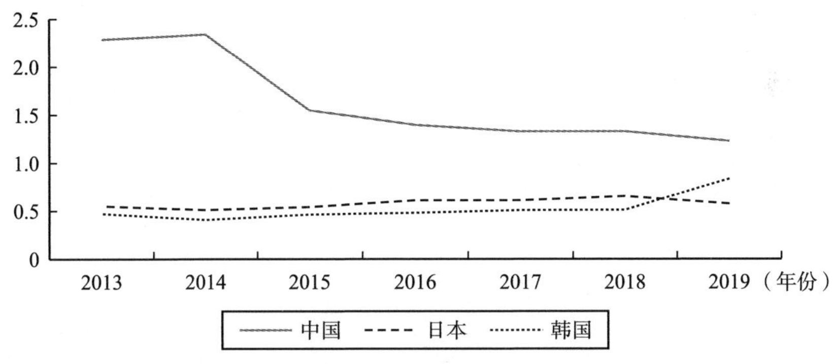

图6-3　中日韩2013~2019年文化产品RAC值

资料来源：笔者根据联合国数据库相关数据计算所得。

对于文化产品各类别的竞争力分析如表6-4所示。2019年，我国文化产品中的乐器、其他视觉艺术、手工艺、首饰、电影和视频的RAC值大于2.5，说明具有很强的竞争力。但是与日本相比，我国的古董、乐器、录制媒介、摄影、报纸、建筑和设计的RAC值较低，居于劣势地位。韩国文化产品的RAC值除手工艺、摄影、建筑和设计之外，都处于较低水平，与我国相比，古董、手工艺、摄影、建筑和设计的RAC值较高，具有优势。

综合三国文化产品各类别的RAC值，我国的绘画、其他视觉艺术、首饰、书籍、其他印刷品、电影和视频的竞争优势强于日本和韩国，日本的古董、乐器、录制媒介、摄影、报纸、建筑和设计比其他两国更具竞争优势，韩国的手工艺较其他两国更具有竞争优势。

表 6-4　　2019 年中日韩文化产品分类别的 RAC 值

文化产品类别	中国 RAC 值	日本 RAC 值	韩国 RAC 值
古董	0.056	0.147	0.068
乐器	2.870	3.640	0.410
录制媒介	1.330	1.921	0.882
绘画	0.083	0.032	0.008
其他视觉艺术	5.390	0.175	0.081
手工艺	3.211	0.746	3.372
首饰	3.330	0.385	0.042
摄影	0.026	11.921	6.526
书籍	0.716	0.277	0.183
报纸	0.045	0.216	0.036
其他印刷品	4.093	0.072	0.369
电影和视频	4.664	2.397	0.004
建筑和设计	0.763	1.833	1.285

资料来源：笔者根据联合国数据库相关数据计算所得。

利用 MS、TC、RAC 对于中国、日本和韩国文化产品国际竞争力的分析结果是有所差别的。因为三个指标所涉及的范围是不同的，MS 值是根据本国总的文化产品出口额来计算，本国经济规模对其影响较大。由于我国的经济规模大于日本和韩国，所以我国文化产品竞争力基本高于日本和韩国。而 TC 值和 RAC 值就更加客观地评价了三国文化产品的竞争力，不过也不完全相同。例如，在本书中，按照 TC 值的对比，中国的乐器在三国中更具竞争优势，而按照 RAC 值的对比，则是日本更具竞争优势。

第四节　钻石模型视角下中日韩文化产品国际竞争力的影响因素

根据波特的钻石模型，一国文化产品国际竞争力离不开生产要素、需求要素、相关支持产业及政府政策支持，本章节从这几个角度分析中日韩文化产品国际竞争力的影响因素。

一、生产要素

（一）人力资源

中国人口数量在世界居于首位，说明中国在人力资源方面具有潜在竞争优势。提高一国文化产品的国际竞争力，需要高素质的人才把文化产品推向世界，取决于政府对教育事业的资金及人才投入。表 6－5 列出了中日韩三国教育支出占 GDP 比重。据 UNESCO 数据显示，2020 年我国小学毕业率为 95.6%，初中毕业率为 86.5%，高中毕业率为 59.3%。我国自 21 世纪初进入高等教育大众阶段，并于 2018 年进入高等教育普及阶段，2020 年我国高等教育毛入学率已达 58.42%[①]。

---

① 高等教育毛入学率是指高等教育在学人数与适龄人口之比。适龄人口是指 18 岁～22 岁年龄段的人口数。

表 6-5　　2010~2018 年中日韩三国教育支出占 GDP 比率　　单位：%

国家（地区）	2010 年	2011 年	2012 年	2013 年	2014 年	2015 年	2016 年	2017 年	2018 年
中国	3.75	3.52	4.08	3.85	3.73	3.82	3.79	3.67	3.54
日本	3.6	3.61	3.65	3.62	3.55	n. a.	3.15	3.13	3.08
韩国	2.84	n. a.	n. a.	n. a.	n. a.	n. a.	4.33	4.33	4.46

资料来源：UNESCO 网站。

（二）文化资源

我国有五千年的历史文化积淀，民族文化丰富多彩，文化资源有着一定优势。与中国相比，日韩的文化资源较少，但是其重视程度却很高。日本针对知识产权的相关问题已经建立了比较完备的政策体系。例如，日本就曾明文规定对于电影、动漫等知识产权的保护。早在 20 世纪 90 年代，韩国就设立了文化产业局，负责文化产业的发展，韩国对于仅有的文化资源能进行充分的发掘及宣传。

二、需求要素

文化产品的消费与需求会受到经济发展的影响，理论上来讲，居民人均 GDP 越大，对于消费的投入比例会越大，那么对于文化产品的消费能力越高。在表 6-6 中可以看到，中国人均 GDP 由 2015 年的 12866 美元，到 2020 年的 17190 美元，平均年增长率 6.72%。日本和韩国的人均 GDP 在 2015~2020 年间一直高于中国，但是平均年增长率分别为 0.67% 和 3.89%。这表明，中国人均 GDP 具有很大的发展潜力。

表 6-6 2015~2020 年中日韩人均 GDP 单位：美元

年份	中国	日本	韩国
2015	12866	40909	37902
2016	13440	40643	39575
2017	14204	41531	40957
2018	15468	42239	43026
2019	16699	42439	43045
2020	17190	42285	45274

资料来源：经济合作与发展组织网站。

此外，虽然，中国人均 GDP 比日本和韩国低，但是居民对于文化产品的支出却持续增长。如表 6-7 所示，2015~2019 年中国居民人均文教娱乐消费支出处于上升状态，城镇居民和农村居民人均文教娱乐消费支出的平均年增长率分别为 9.9% 和 13.2%。这表示中国文化产品的国内市场仍存在潜在发展空间。

表 6-7 2015~2020 年中国城乡居民人均文教娱乐消费支出 单位：元

类别	2015 年	2016 年	2017 年	2018 年	2019 年	2020 年
城镇	2382	2637	2846	2974	3328	2591
农村	969	1070	1171	1301	1481	1308

资料来源：历年中国统计年鉴。

在满足国内市场需求的同时，也需要扩大国际市场。如表 6-8 所示，2019 年中国文化产品出口额占总出口额的比例中较高的有录制媒介、手工艺、首饰、电影和视频，说明中国文化产品对国际市场的出口中，这几类所占的比例较高，国际需求较高。而在日本文化产品中对国际市场的出口份额较高的有录制媒介、首饰、电影和视频，国际市场的需求相对来说较高。韩国在2019年文化产品各类别占总出口的比例中，录制媒介、手工艺的比例较高，说明在文化产品中，韩国的录制媒介、手工艺国际需求更高。

表6-8　2019年中日韩文化产品各类别出口额占本国总出口额的比例　单位：%

文化产品类别	中国	日本	韩国
古董	0.0009	0.0024	0.0011
乐器	0.0552	0.0699	0.0079
录制媒介	0.1338	0.1932	0.0887
绘画	0.0061	0.0023	0.0006
其他视觉艺术	0.3360	0.0109	0.0050
手工艺	0.1831	0.0425	0.1923
首饰	1.8247	0.2111	0.0229
摄影	0.0001	0.0515	0.0282
书籍	0.0451	0.0174	0.0115
报纸	0.0008	0.0040	0.0007
其他印刷品	0.0510	0.0009	0.0046
电影和视频	0.2119	0.1089	0.0002
建筑和设计	0.0003	0.0008	0.0006

资料来源：笔者根据联合国数据库相关数据计算所得。

三、相关支持产业

旅游产业、信息产业、体育产业等都属于文化产业的相关及支持产业。这些产业或是为文化产业提供支持，或是成为文化产业的延伸。

（一）旅游产业

我国丰富的文化和自然资源使得旅游业快速发展，而国际旅游收入就是一个重要的衡量指标，它是本国为外国游客所提供的消费和服务所获得的收入。从表 6 – 9 中看出，2014 ~ 2016 年，我国的国际旅游收入一直领先于日本和韩国。从 2017 年开始，日本的年旅游收入开始超过中国。韩国旅游产业虽然并不具备优势，但是韩国政府仍计划把旅游产业发展成为新的增长动力，并出台相关政策解决有关住宿困难、促进国人境内旅游等问题。

表 6 – 9　　2014 ~ 2019 年中日韩国际旅游收入　　单位：亿美元

国家（地区）	2014 年	2015 年	2016 年	2017 年	2018 年	2019 年
中国	460	450	444	326	404	n. a.
日本	208	274	334	370	453	492
韩国	230	191	212	170	231	262

资料来源：历年中国统计年鉴。

（二）信息产业

我国信息产业起点晚，基础薄弱，居于竞争劣势地位。如表 6 – 10 所示，我国 2015 ~ 2020 年科技研发支出占 GDP 的比例总体呈上升趋势，2020 年该比率达到 2. 40% 。同期，日本科技研发支出占 GDP 的比例保持稳定状态，大约为 3. 20% 。在此期间，韩国科技研发支出占 GDP 的比例持续提高，2015 年该比重为 3. 97% ，2020 年已攀升至 4. 81% 。由此可见，我国科技研发支出占 GDP 的比例总体低于日本和韩国，说明科技投入略显不足。

表 6-10　2015~2020 年中日韩科技研发支出占 GDP 的比重　单位：%

年份	中国	日本	韩国
2015	2.05	3.24	3.97
2016	2.10	3.10	3.98
2017	2.11	3.16	4.29
2018	2.14	3.22	4.51
2019	2.24	3.19	4.63
2020	2.40	3.26	4.81

资料来源：UNESCO 网站。

信息产业的发展可以给文化产品的创新提供技术支持，产生利益，但同时也提出了挑战。科技可以为文化产品的生产提供载体，例如大众普遍消费的文化产品的载体：手机、电脑等电子类产品。在电影制作的过程中，光、电、计算机等高科技可以给观众带来真实的感受。但是在高科技推动文化产品发展的同时，也埋下了隐患。例如，如今因为网络的发达，网络下载所引起的版权纠纷及利益纠葛时有发生，文化创作者的积极性也会受挫。

四、政府行为分析

政府是创造国际竞争力的一个重要的辅助条件，政府的政策会影响本国的文化产品的竞争力。

（一）日本文化贸易的财政支持和对外开放政策

日本在“二战”后经济遭受重创，政府实行贸易立国战略，大力扶持发展制造业，扩大出口，推动经济发展，一度成为世界第二经济大国。但是，20 世纪 90 年代日本发生经济危机，经济增长速度急速下滑。在此情况下，日本政府将文化产业作为发展的重点产业，发展设计、品牌等高附加值的文化产业，实现从制造向文化的产业升级，并提出“文化立国”战略。

日本对文化产业的财政政策和措施主要包括财政补贴、多方面的财政援助、政府投资、建立财政基金及政府主导的采购等。为了保护和传承日本的民间文化，给予具有浓厚的民间和地方色彩的历史文化遗产及传统的文化工艺多种财政补贴，并将财政补贴、税收优惠政策、政府财政主导的优惠贷款项目及政府投资等各种援助给予具有民族特色的文化艺术产业，这极大地推动了日本文化产业的发展繁荣。

为了提高文化软实力，日本很早就确立了知识产权立国的战略，为了实现这一目标，日本将发展文化产业作为重中之重，政府和地方采取各种政策措施全力支持文化产业的发展，为文化产业发展提供了有利条件。如重新修订《信托业法》，为一些从事文化产业的知识产权人提供信托融资；成立专门的文化产业投资基金等。对于中国和韩国文化市场扩张带来的挑战，日本采取酷日本的战略措施。对其他国家的文化产业发展现状及文化市场的规则进行深度研究，确定本国文化产品在其他国家市场中的定位，并加深与国际大型文化企业的合作，让日本文化产品走向世界。

（二）韩国文化产业政策

韩国的文化产业的起点较早，在 20 世纪 90 年代时就提出“文化强国”战略，并设立“世界三大游戏强国”“世界五大电影强国”“亚洲音乐强国”“广播影视先进国”等具体目标。韩国对于文化产业一直进行合理的资金投入，进行文化创造及人才培养，并鼓励居民和官员以出资的形式发展本国文化产业。韩国政府也提出本国每年支出的文化产业经费及投资应该保持财政支出总额的1%左右，这为文化产业的发展提供了资金保障（肖帅和何艺，2015）。此外，韩国严格限制从他国进口文化产品，并通过“电影配额制”支持本土电影的发展，将文化产品推向世界。

韩国政府为实现文化成长战略，1994年在文化部首次设立“文化产业局”，主管文化产业。韩国为规划和发展文化产业，2001年也成立文化产业振兴学院，该院每年获得当局5000万美元的投入（肖帅和何艺，2015）。文化产业振兴院旨在拟定文化产业政策，筹谋产业内部发展意义、人才造就、拓宽海外市场及开展国际交流等。韩国政府前后出台《文化产业振兴法》《影像振兴基本法》《著作权法》《电影业振兴法》等，为文化产业的成长提供法律保障。

尽管不同时期，韩国的文化贸易政策目标与重点有所迁移，具有鲜明的阶段特征，但是总体的制定思路有着一脉相承的特点，即落实到多个行业或贸易具体目标。

（三）中国文化贸易政策演进

中国对文化贸易的态度和政策在不同阶段具有不同的特征和导向。改革开放后，我国不断施行文化体制改革，虽然取得了一些成果，但是政策体系仍不完整，对于中小文化企业发展的扶持力度不够。此外，也存在地方政府的地区保护主义，各个地区之间缺乏沟通，出现产业雷同现象，造成了资源的浪费。也存在政府职能不清、税收政策不合理的情况，阻碍文化贸易的发展。在

2001 年加入 WTO 之前，对文化产品和服务发展的重要性缺乏正确认识。在此阶段，文化贸易的政治、外交意义大于经济意义。政策以限制为主，不鼓励进口贸易，政府掌握了贸易种类和内容的决定权，致使文化产品种类匮乏。在加入 WTO 之后的改革探索阶段，文化贸易的重要性日益凸显，这一时期国家有意识地鼓励文化进出口，并针对贸易较为活跃的领域出台外商投资政策。在经济发展新阶段，“十二五”规划、“一带一路”倡议、“十三五”规划、“十四五”规划都反映出文化贸易在经济发展中的地位进一步升级。这一阶段的政策对于文化贸易的要求也逐渐具体化，重点在于打造具有特色的、技术密集型的文化项目。

在经济发展新阶段，我国日益重视文化产品和服务的质量，强化知识产权意识，将资源朝优质企业集中。政策变得更加具有弹性和多元化，现实性、适用性显著提高。这一时期，随着文化科技水平提升，文化服务业从业人员人数不断增加，劳动生产率显著提升。

第五节　本章小结

伴随着各国对文化产业及贸易的重视，各国之间开始频繁地进行文化交流，为文化产业及贸易的发展提供了有利的条件。一国对外发展文化贸易具有很大的价值，不仅能够带来巨大的经济价值，而且还能扩大该国文化产品在国际上的影响力。当前，文化贸易在国际贸易中占比日益提高，是各国在贸易中的重点发展及竞争领域。通过对比分析中日韩文化产品的国际竞争力及其影响因素，可以得出如下结论：

第一，总体来看，中国文化产品贸易竞争力高于日本、韩国。但具体到文化产品门类，我国在包含丰富创意元素和创新思维的文化产品，如摄影、建筑设计方面的贸易竞争力，远低于日本、韩国。相较于日韩，我国贸易竞争力主要体现在首饰、印刷品等高耗能低附加值的文化产品上。

第二，根据波特的钻石模型，从生产要素、需求要素、相关支持产业及政府政策支持角度来看，中国文化产业具备成为战略性产业的条件。政府应采取各种政策和措施来推动本国文化贸易的发展，扩大文化产品贸易，从而也提高本国文化在国际上的影响力，获得国际文化贸易中的优势地位。

第七章

重点行业研究：电影产业

电影是典型的文化产业。近年，中国电影的票房收入和生产数量不断创新高。本章将以电影产业为分析对象，分别从国际比较视角，全面比较中国与他国的电影产量、票房、基础设施、观影次数等；接着，建立实证模型探讨一国电影自给率的影响因素；研究贸易壁垒、消费成瘾性对一国电影进口的影响。

第一节　中国电影产业发展态势——基于国际比较的视角

目前中国是全球第二大电影市场，同时也是全球增长最快的市场之一。据 UNESCO 统计数据显示，2010 年中国电影票房首次突破百亿美元，2015 年中国电影票房收入高达 440 亿美元。本章节选取全球十大电影生产国作为研究对象，2016 年这十个国家电影产量约占全球电影总产量 64%①，电影票房收入占全球约

① 由于在 UNESCO 数据库中，相关数据仅更新至 2017 年，加上 2016 年电影生产大国印度数据缺少，故此处数据只能更新至 2016 年。

70%。与其他国家相比，从电影产量、电影市场、电影基础设施等方面来看，中国电影产业目前仍旧处于上升期，未来几年具备较大发展潜力。

一、电影产量

电影产量是衡量一国电影产业发展状态的重要指标。如表 7－1 所示，中国的电影产量从 2009 年的 475 部上升到 2017 年的 874 部，其间中国电影产量年均增长 23%。从全球来看，2007 年至今中国一直保持全球第三大电影产量国地位，仅次于印度、美国[①]，2012 年中国甚至以 745 部电影产量略微领先美国。

表 7－1　　2009～2017 年全球电影产量　　单位：部

国家（地区）	2009 年	2010 年	2011 年	2012 年	2013 年	2014 年	2015 年	2016 年	2017 年
印度	1288	1274	1255	1602	1724	1868	1907	1986	n. a.
美国	751	792	819	738	738	649	663	656	660
中国	475	542	584	745	638	618	686	853	874
日本	448	408	441	554	591	615	581	610	594
法国	230	261	272	279	270	258	300	283	300
英国	313	346	299	326	241	339	298	317	285
西班牙	186	200	199	182	231	216	255	254	241
德国	216	189	212	220	223	229	226	244	233
韩国	158	152	216	204	207	248	269	339	494
阿根廷	61	121	100	141	168	172	182	199	220

资料来源：联合国教科文组织网站。

① 电影基本上包括三大片种，故事片、科教片和纪录片。其中故事片，也称作艺术片，印制拷贝最多，发行量最大，观众最广。2012 年我国生产各类电影总产量达到 893 部，其中故事片产量高达 745 部。本章节所指电影仅指故事片。

二、电影市场

（一）票房收入

自2012年起，中国已经成为仅次于美国的全球第二大电影市场。据UNESCO统计数据，2013年全球票房达到359亿美元；2013年中国票房收入35.7亿美元，占全球电影票房收入的10.03%，仅次于美国。2013年美国电影票房收入101亿美元，占全球份额为28.12%，而英国、法国、德国、日本、韩国、印度等国家票房占比均不超过5%，排在第三位的日本占全球市场的份额比中国低3.34个百分点。以美国为代表的发达国家，国内电影市场相对较成熟，增长幅度较为稳定。按照票房收入增幅趋势，中国成为全球最大的电影市场指日可待。规模不断扩大的中产阶级和影院建设是推动中国票房收入增长的两大因素。

（二）平均票价

联合国教科文组织（United Nations Educational，Scientific and Cultural Organization，UNESCO）统计了全球76个经济体的电影平均价格，2013年这76个国家的平均电影票价为7.11美元，其中电影票价最高的为巴林、瑞士、挪威，分别达到17.48美元，16.8美元，15.79美元。2013年中国电影平均票价为5.74美元，低于全球60%国家[①]。

（三）年人均观影次数

UNESCO统计了全球82个经济体的年人均观影次数，其中

① 资料来源：UNESCO网站数据库。

冰岛以年人均观影次数 4.78 居于榜首。如表 7－2 所示，在全球前十大电影生产国中，2013 年美国年人均观影次数 4.67 次，法国 3.4 次。2013 年中国人均观影次数仅为 0.48 次，中国的人均观影次数低于 70% 的样本国家，这说明未来中国电影市场潜力巨大。

表 7－2 2013 年各国电影市场现状比较

类别	印度	美国	中国	日本	法国	英国	西班牙	德国	韩国
票房收入（亿美元）	24.0	101.0	35.7	19.9	16.0	17.3	6.6	13.0	14.0
占全球票房百分比（%）	4.18	28.12	10.03	6.69	4.46	4.74	1.95	3.62	3.90
年人均观影次数（次）	1.73	4.67	0.48	1.39	3.4	2.91	1.89	1.71	4.61
平均票价（美元）	0.81	8.13	5.74	12.77	8.57	10.90	8.54	10.71	6.64

资料来源：UNESCO 网站数据库。

三、电影基础设施

（一）室内电影院数量

中国室内影院数量不断增长，从 2005 年的 1243 家到 2015 年的 6118 家。其中近年来以美国、西班牙为代表的部分发达国家室内影院数量呈现不断减少趋势。从影院总数量来看，中国已经跃居全球第二，仅次于美国。近年来，随着中国影院数量的增加，每百万人拥有的影院数也出现明显上升。但是与其他国家相比，我国电影院建设还是十分缺乏的。如表 7－3 所示，2013 年中国每百万人拥有的电影院数量是 2.9 个，远远低于同期绝大多数国家。

表 7－3　　2013 年各国电影基础设施比较

类别	印度	美国	中国	日本	法国	英国	西班牙	德国	韩国
室内影院数量（个）	n. a.	5628	3903	596	2025	756	777	1637	333
人均影院数量（个/每百万人）	n. a.	19. 6	2. 9	5. 3	36	13. 3	18. 7	21. 9	7. 2
小规模影院所占百分比（%）	n. a.	59. 2	n. a.	58. 7	90. 7	69. 3	68. 7	91. 5	16. 5
银幕数量（块）	11081	39783	18195	3318	5587	3867	3908	4610	2184
人均银幕数量（块/每十万人）	1	13. 8	1. 4	2. 9	9. 9	6. 8	9. 4	6. 2	4. 7

资料来源：UNESCO 网站数据库。

（二）银幕数量

近年来我国银幕数量增长十分迅速，据 UNESCO 统计数据，2005 年中国银幕数量才 2668 块，2013 年中国银幕数量是 18195 块，但 2015 年中国银幕数量突破 3 万块，达到 31627 块，十年间中国银幕数量增长了 10 多倍。2013 年全球银幕数量是 135000 块，其中超过 80% 是数字银幕，同期中国银幕数占全球 13. 5% 。但是和其他国家相比，中国每十万人均银幕数量十分之低。2013 年中国每十万人均银幕数量 1. 4 块，低于同期其他主要电影制造国。

四、电影进口

（一）进口电影票房占比

进口电影票房在一国电影票房总收入中所占比率，反映了一国对进口电影的依赖度。降低进口电影依赖度，不仅具有显著的经济意义，而且是一国电影竞争力的重要标志，几乎成为所有政府追求的目标。UNESCO 统计了全球 45 个经济体的进口电影票房在总票房收入中的占比，其平均值为 80% 。其中美国是全球对进口电影依赖度最低的国家，很少有进口电影能在美国市场取得高票房。2013 年中国进口电影票房占比为 41. 30% ，远低于全球平均水平。除美国、塞内加尔、日本、中国、韩国、土耳其外，其余经济体的进口电影票房占比均高于 50% （见表 7 -4）。

表 7 -4　　2013 年各国电影进口与电影贸易壁垒

类别	印度	美国	中国	日本	法国	英国	西班牙	德国	韩国
进口电影票房占比（%）	n. a.	2. 00	41. 3	39. 41	68. 12	77. 85	86. 14	n. a.	41. 35
贸易壁垒指数	0. 27	0. 06	0. 45	0. 15	0. 22	0. 14	0. 09	0. 10	0. 14

资料来源：OECD 网站。

（二）进口电影贸易壁垒

除了保护本国文化产业以外，捍卫文化主权也是各国在实施文化产品进口限制措施时经常援引的理由之一。进口电影普遍面临较传统商品更为严格的贸易限制措施。各国除了采用传统的关税、配额、补贴来限制电影进口，还有外资市场准入、知识产权保护等种类繁多的服务贸易壁垒。OECD 的 STRI 数据库发布了 34 个 OECD 成员方、6 个主要新兴经济体包括中国、巴西、印度、印度尼西亚、俄罗斯、南非各服务部门的贸易壁垒指数。其中，电影贸易壁垒指数是依据 62 种贸易限制措施计算而来，OECD 将这 62 种限制措施归为五大类：市场准入限制、人员流动限制、其他歧视性措施、竞争壁垒和透明度壁垒。电影贸易壁垒指数取值在 0 ~1 之间，取值越大，代表贸易壁垒越严格。根据

OECD 测算结果，这 40 个国家的电影贸易壁垒指数在 0.06 ~ 0.72，平均值为 0.18。

如表 7 -4 所示，除美国外，其他国家对进口电影设置了较制造品更为严格的贸易壁垒。当然这与美国当前在全球电影贸易中的绝对国际竞争力和文化优势分不开。中国对电影采取了较为严格的贸易保护政策，在全球十大电影生产国中，中国的电影贸易壁垒指数为 0.45，高于其他国家。这表明我国对进口电影采取了较为严格的贸易保护措施。

综上所述，近年来我国电影产业发展迅速，具体表现为电影年产量表现出上升趋势，总票房收入持续扩大，电影基础设施包括影院和银幕数量不断增加，近年来我国进口电影票房占比低于 50%。但与其他国家相比，尤其从人均观影次数和人均影院（银幕）数量来看，我国这两项指标仍低于全球平均水平，我国电影产业的发展正处于快速上升阶段，未来几年仍将是中国电影产业发展的黄金时期。

第二节 电影自给率及其影响因素研究

在整体经济增速放缓的背景下，中国电影产业却出现了蓬勃发展态势。2010 年，中国电影产量超越日本，成为全球第三大电影生产国，仅次于印度和美国。2010 年中国创造了 15 亿美元的电影票房，这使得其成为全球第六大电影市场。两年以后，这个数字几乎翻了一番。2012 年中国电影票房达 27 亿美元，超越日本成为全球仅次于美国的第二大电影市场。2015 年中国电影自给率为 62.6%，仅次于美国、印度、伊朗、柬埔寨、马绍尔群岛，进一步减少对进口电影的依赖性[①]。

电影自给率（self-sufficiency ratio），指国产电影票房在一国电影总票房收入中的占比。尽管各国电影自给率差异极大，除了伊朗等少数不进口电影的国家，全球绝大多数国家的电影自给率不超过50%。电影自给率不仅仅是一国电影竞争力的表现，而且事关一国文化主权。

与全球贸易格局的极度不平衡相对应的是，国外票房收入占好莱坞电影票房收入的一半以上，这使得巨大的中国市场对好莱坞影业充满吸引力（Waterman，2005）。提高电影自给率，与好莱坞电影在国内市场一争高下，是中国电影产业提高竞争力，走向世界的基础。

全球电影贸易格局呈现出极度不平衡的特点。毫无疑问，自“一战”结束以来美国在全球电影贸易格局中居于绝对主导地位，而且这种主导地位在近期出现了加强（Gomery and Pafort－Overduin，2011）的趋势。美国向全球140多个国家（地区）出口电影，几乎在所有其能进入的市场都能取得超过50%的市场份额。据UNESCO统计，2015年美国电影占澳大利亚总票房的82%，占加拿大的81%，占巴西的78%，占墨西哥的84%，占瑞士的65%，占法国的52%，占德国的54%，占英国的51%。与此同时，非美国电影在美国和加拿大的市场份额仅占5.4%（European Audiovisual Observatory，2014）。

本章节旨在揭示全球电影贸易的格局和特点，利用跨国面板数据，研究一国电影自给率的影响因素。提高电影自给率，代表国家保护国内文化产业和抵制国外电影的立场。政府旨在提高一

---

① 资料来源：联合国教科文组织统计。

国电影自给率，为了维护文化身份。但是，就目前作者掌握的文献，还没有研究采用全球数据实证研究一国电影自给率的决定因素。为了填补研究空白，本章节分析了一国电影自给率的经济和文化影响因素，旨在揭示一国如何促进本国电影产业发展，抵制文化渗透。本章考察了本地市场规模、与美国的文化距离、贸易壁垒等对一国电影自给率的影响，解释了经济和文化对一国电影自给率的影响。

一、文献回顾和假设

电影贸易引起了学者的广泛关注，学者们从不同的角度探索美国在全球电影贸易格局的主导地位。其中文化贸易的本地市场效应模型和文化折扣理论是其中最有力的两种解释。

（一）本地市场效应和电影自给率

本地市场效应，即在一个存在报酬递增和贸易成本的世界中，那些拥有相对较大国内市场需求的国家将成为净出口国。波尔（Pool，1977）提出本地市场效应的基本框架用来解释美国或其他大国主导国际电影、电视或其他产品。霍斯金斯和米卢斯（Hoskins and Mirus，1988）、沃特曼（Waterman，1988）、威德曼和斯维克（Wildman and Siwek，1987，1988）提出了基于本地市场效应的更为系统的经济模型。

国际贸易文献将媒体产品扩展到一般产品。针对本地市场效应的流行，琳达（Linder，1961）首先提出有相对大国内需求的国家倾向更大份额的出口，在新经济地理学框架下给出了严格的理论基础。克鲁格曼（Krugman，1980）、赫尔普曼和克鲁格曼

(Helpman and Krugman, 1985) 指出，在差异化产品产业的不完全竞争下，如果运输成本是显著的，规模经济会产生本地市场效应。即企业为了减少运输成本会选址在一个较大市场，同时也实现规模经济。近年来，一些学者（Feenstra, Markusen and Rose, 2001; Head, Mayer and Reis, 2002; Davis and Weinstein, 2003）拓展了该模型，在国家之间需求不同或有关成本、竞争不同的假设条件下，也会得到相同结果。韦德（Weder, 1996）提出一个分类需求情形，包括不同的收入、品位和气候，都将产生本地市场效应。除非电影生产的内外部规模经济很高，该优势也不会导致美国成为电影的主要生产者和出口者，因为电影贸易的运输成本很低，电影可以在任何地方生产。失克德和萨顿（Shaked and Sutton, 1987）、萨顿（Sutton, 1991）表明，有相对较大潜在市场的行业在面临这些成本条件时，倾向生产多样化、更高质量的产品。与之相随的是自由贸易，在一个消费者电影支出相对较高的国家生产电影，例如，美国发达的自由贸易会导致其占据贸易主导地位，在国内外有较高的票房市场份额。

据本地市场效应，媒体产品的特殊属性导致美国能在媒体产品贸易中占据主导地位，这也是本章实证模型的理论基础。根据这些理论，一个相对大且富裕的国家倾向对电影有较大的消费者需求基础。除非电影生产的内部、外部规模经济非常高，但这并不能导致美国成为电影的主要生产者和出口者。因为电影贸易的交通成本最小，电影生产可以发生在任何地方。

海德、梅耶尔和里斯（Head, Mayer and Ries, 2002）、图勒蒙德（Toulemonde, 2005）等的研究也表明，似乎本地市场效应只会使大国受益，小国受损。然而，情况并非完全如此。海德和里斯（Head and Ries, 2001）运用国家产品差异化规模报酬不变模型，发现出现了逆向本地市场效应：小国可能成为净出口国。而且，贸易自由化将会促使小国制造业增加产出份额，原因在于小国企业增加了对大国市场的准入并获益。

不少学者论述了本地市场效应对电影贸易的影响，即拥有大规模本地市场的国家倾向于生产出多品种、高质量的电影，也更容易在国内外市场获得票房收入，从而拥有较高的国产电影自给率，进口电影票房占比较低（Pool，1977；Wildman and Slwek，1988；Hoskins and Mcfadyen，1998；Marvasti，1994；Lee，2002；孙晰晶，2014）。

李（Lee，2002）采用本地市场经济模型，研究表明具备相对大且富裕的本地市场国家，倾向更多生产具有更高生产价值的电影。贾亚卡尔和沃特曼（Jayakar and Waterman，2000）利用 23 个国家的有关票房市场份额和电影支出的截面数据，研究表明，在一些对电影有较高消费支出的国家，电影自给率较高。在本地市场经济模型中，消费者电影支出定义为一国年度票房、录像带影碟、付费电视收入之和，而且他们采用 GDP 作为电影支出的代理变量也支持经济模型。沃特曼和贾亚卡尔（Waterman and Jayakar，2000）也采用时间序列数据检验了该经济模型，李（Lee，2009）利用 1955 ~ 2000 年来自美国、日本媒体数据，采用本地市场经济模型，检验了一个假说：由于美国对电影消费支出比日本增长更快，日本电影自给率下降，从而解释了美国、日本电影产业经济力平衡的变化。

本地市场规模对一国电影自给率的影响机制如下：第一，本地市场规模影响企业能否实现规模经济，企业可以引进更先进的电影技术。第二，市场结构是竞争或垄断的。第三，企业利润。第四，本地市场规模涉及电影投资规模。因电影消费的公共产品特点（Owen and Wildman，1992）可由众多消费者共享，其潜在观众的总收入支持了电影的投资水平，决定了电影的质量，所以对于一个按照观众规模和支付能力衡量的大市场而言，电影利润最大化的预算将会更高。由于提高电影的观赏性所导致成本的增加会带来更多的销售，因此当出口时，产品质量溢价会使得相较竞争产品而言，更具有吸引力；相反，较高的海外销售收入前景会增加前期生产投资，进一步提升价值（除质量提升效应外）。第五，需求侧压力。当一个市场拥有更多、更富裕的观众，自然会对电影的种类提出更高需求，刺激市场生产更多电影，如此一来可供出口的电影就更多了。第六，如果该部电影预期有诱人的票房前景，则会吸引来自海外的人才和资本。第七，国外投资的持续流入，如演员、导演、剧作家、舞台设计。

综上所述，在其他条件相同的情况下，该国 GDP 越大，其进口美国电影的数量越低。基于上述分析，提出以下假设：

H7 - 1：一国的本地市场越大，其电影自给率越高。

（二）文化距离和电影自给率

文化距离对国内消费者观赏进口电影的影响存在两个方面：文化折扣（Hoskin and Mirus，1988）和文化溢价（Berry et al.，2002）。具体而言，当电影生产国和电影消费国之间的文化距离越大时，消费者在理解进口电影所传达的国外文化时就越困难，这种由于文化距离导致的欣赏产品能力的削弱现象叫作文化折扣。相反，当文化距离足够大时，理解与产品相关的文化则不那么重要，出于文化猎奇心理或者出于对生产国文化的崇拜（尤其当生产国在文化、经济上是强国时），消费者会认为外国文化是神秘的、新奇的，对于大多数不了解当地历史文化和社会的消费者更加热衷于消费该文化产品，这种现象叫文化溢价。文化距离对于进口电影到底是优势还是劣势，取决于这两种效应的对比。

相比之下，尽管文化溢价普遍存在，但有关文化溢价的研究较少。根据文化帝国主义或文化关系的主导，即主导外来文化会对多国文化产生影响。20 世纪以来，美国文化作为一种主导文化一直被追捧。

本书推论，根据国家之间的文化距离大小，会出现文化折扣或文化溢价。当国家之间的文化距离增加到中等水平时，预期文化距离将对进口电影产生负面影响。基于文化折扣或溢价，大部分消费者并不能完全理解进口电影的文化内涵；与此同时，文化距离没有大到足够引起有利的文化好奇和新奇（如澳大利亚和美国之间）。但是，当文化距离足够大时（如美国和日本之间），国外消费者会将进口产品视作新奇和有趣的事物，文化溢价占主导地位。例如，日本迪士尼之所以成功，是由于其成功利用日本人对美国文化的崇拜（Greenhouse，1991）。消费者行为研究记录了消费者的猎奇行为，可以用于消费者文化消费。基于上述分析，提出以下假设：

H7－2：一国与美国文化距离越大，其电影自给率越高；但当文化距离足够大时，反而与美国文化距离越大，其电影自给率越低。

二、模型设定、变量构建及数据说明

（一）模型设定

本章节实证模型如下：

$$SR_{it}=\beta_0+\beta_1\ln(SC_{it})+\beta_2\ln(TB_{it})+\beta_3\ln(FR_{it})$$

$$+\beta_4\ln(CD_{it})+\beta_5\ln(BU_{it})+\beta_6\ln(NO_{it}) \quad (7-1)$$

SR 代表 i 国第 t 年电影自给率，SC 代表 i 国第 t 年本地市场规模，TB 代表 i 国第 t 年电影产业贸易壁垒指数，FR 代表 i 国第 t 年电影基础设施，CD 代表 i 国第 t 年文化距离，BU 代表 i 国第 t 年电影的平均预算，NO 代表 i 国第 t 年电影产量。

（二）变量设定

囿于数据的可得性，本章节没有考虑 DVD、按次付费电视和其他电影媒体所取得收入，仅考虑影院放映收入。本章节选取 72 个国家（地区）作为研究样本。据 UNESCO 的统计数据显示，2015 年，72 个国家电影产量占全球电影产量的 85%，这说明国家样本的选取有相当大的代表性，时间样本为 2005～2015 年。

1. 本地市场规模

不少学者论述了本地市场效应对电影贸易的影响，即拥有大规模本地市场的国家倾向于生产出多品种、高质量的电影，也更容易在国内外市场中获得票房收入，从而拥有较高的国产电影自给率，进口电影票房占比较低（Pool，1977；Wildman and Slwek，1988；Hoskins and Mcfadyen，1998；Marvasti，1994；孙晰晶，2014）。本章节用实际可支配收入（RIN）作为本地市场规模的代理变量，资料来源为 BVD 宏观经济数据库。

2. 文化距离

长期以来，美国在全球电影贸易中居于主导地位，几乎所有国家绝大部分的进口电影均来自美国，因此一国与美国之间的文化距离可以代表文化因素对一国电影进口的影响。文化距离是根据霍夫斯泰德（Hofstede）的六个文化维度指数计算得来的，这六个文化维度分别为：权力不平等接受度、个人主义倾向、男性主义指数、不确定性规避、实用主义倾向、放纵度。这六个文化指标尽可能地反映了国家间的文化差异，刻画了一国的行为准则及价值观。根据科格特和辛格（Kogut and Singh，1988）的研究，文化距离的计算公式如下：

$$CD_{iu} = \frac{\sum_{k=1}^{6} \frac{(I_{ik} - I_{uk})^2}{V_k}}{6} \tag{7-2}$$

其中，I_{ik}、I_{uk}分别为样本国家 i 与美国在第 k 维度上的取值，k =1，2，…，6，V_k 为所有国家在第 k 维度上取值的方差。文化距离为 i 国与美国各维度指标差的平方与所有国家在各维度指标的方差（V_k）之商的平均值。该值越大，表明 i 国与美国之间的文化距离越大。

3. 贸易壁垒

李和比（Lee and Bae，2009）考察了荧幕配额等因素对电影自给率的影响，回归结果表明配额对自给率没有产生明显影响，这表明限制外国电影荧幕数量并不是一个有效对策。国内产量、票房收入、生产投资对电影自给率产生的影响显著，而文化折扣、英语的影响并不显著。从 20 世纪 20 年代中期以来，欧洲国家对此现象十分担忧，为了保护国内文化产品生产、当地文化和语言，欧洲国家出台并实施了不同保护措施反对电影进口。基于保护国家文化生产的理念，法国于 1933 年在 GATT 谈判中提出“文化例外”概念，这标志着文化保护政策达到顶峰；然而由于文化产品的正外部性和公共产品属性，文化产业也面临着市场失灵的问题。

经济合作与发展组织（OECD）的 STRI 数据库发布了全球 40 个国家各服务部门的贸易壁垒指数，其中电影贸易壁垒指数是依据62种贸易限制措施计算得来，OECD将这62种限制措施归为五大类：市场准入限制、人员流动限制、其他歧视性措施、竞争壁垒和透明度壁垒。电影贸易壁垒指数取值在0~100之间，取值越大，代表贸易壁垒越严格。

4. 电影基础设施

沃特曼（Waterman，1988）聚焦国内电视基础设施，其研究表明，国内有较好电视基础设施的国家从美国进口节目的比例较低，这与供给侧市场规模相关。霍斯金斯和米鲁斯（Hoskins and Mirus，1988）强调需求侧市场规模和文化折扣的交互效应。本章节用一国拥有电影荧幕数量作为该国电影基础设施的代理变量。

5. 国产电影数量

放映电影数量的增加会使消费者的选择更加多样化，消费者选择的增加，反过来会刺激需求，当然这不一定成立，如电影选择的多样化，可能分散消费者的选择。但毫无疑问，电影自给率是各国政府较为关注的问题。除限制电影进口外，增加国产电影数量不失为提高电影自给率的一个选择，但其效果如何有待考察。各变量的数据来源如表7-5所示。

表7-5 变量选取及资料来源

变量名	变量描述	资料来源
SR	电影自给率即国产电影票房在一国总票房收入中的占比（单位:%）	UNESCO
MS	本地市场规模（单位：百万美元）	BVD
TB	电影贸易壁垒指数（取值0~1）	OECD
FR	电影基础设施建设，用荧幕数量表示（单位：块）	UNESCO
PR	电影产量（单位：部）	UNESCO
CD	文化距离（取值0~1）	笔者利用Hofstede官网数据自行计算

三、实证检验与结果分析

（一）描述性统计

表7－6显示了各变量描述性统计结果。2005～2015年，样本国家电影自给率最高的是伊朗，几乎达到100%，最低值为1%，平均值为17.38%，绝大多数国家电影自给率不高于50%。实际可支配收入最低值为5793百万美元，最高值为994800百万美元，平均值为201554百万美元。贸易壁垒指数最高值为0.566，最低值为0.09，平均值为0.22。在样本国家中，中国贸易壁垒指数最高，这表明中国对进口电影采取了最为严格的贸易限制措施；日本于2015年进一步放松了对电影进口限制，贸易壁垒指数仅为0.09，为样本期间最低值。荧幕数量最高值为40547块，最低数量为1块，平均值为1908块。电影产量最高值为1907部，最低值为1部，平均值为94部。在样本期间，印度电影产量居于全球第一。文化距离最大值为5.13，最小值为0.0001，平均值为2.46。

表7－6　各变量描述性统计

变量名	均值	标准差	最小值	最大值
SR	17.38	19.88	1	100
MS	201554.8	224794.4	5793	994800
TB	0.22	0.08	0.09	0.566
FR	1908.83	5513.29	1	40547
PR	93.55	214.14	1	1907
CD	2.46	1.28	0.0001	5.13

（二）计量模型分析

将计量模型作为参照系，先进行混合回归。由于每个国家特征不一样，可能存在不随时间而变的遗漏变量，故考虑使用固定效应模型。固定效应模型回归结果表明，F 检验的 p 值为 0，故强烈拒绝原假设，则认为 FE 明显优于混合回归。虽然检验表明个体效应存在，但个体效应仍有可能以随机效应存在。Hausman 检验结果表明，固定效应更为合适，故以表 7－7 等式（2）中回归结果为准。本地市场规模（MS）系数为负，与理论预期结果相反。贸易壁垒（TB）系数为负，与理论预期结果相符，证明了贸易壁垒在提高电影自给率中的有效性。基础设施（FR）系数为正，但不显著，这意味着基础设施对提高电影自给率的作用不明显。电影产量（PR）系数显著为正，这也意味着提高本国电影产量有助于提高本国电影自给率。在固定效应回归模型中，由于文化距离（CD）缺乏变化，故没有估计出系数。

表 7－7　　回归结果

变量	OLS	固定效应	随机效应 MLE
	(1)	(2)	(3)
Ln（MS）	0.241 (0.343)	-0.731* (0.390)	0.018 (0250)
Ln（TB）	-1.073 (0.639)	-4.52** (1.729)	-1.037** (0.552)
Ln（FR）	-0.205 (0.370)	0.019 (0.436)	0.174 (0.230)
Ln（PR）	0.574*** (0.160)	0.458*** (0.166)	0.400*** (0.080)

续表

变量	OLS	固定效应	随机效应 MLE
	(1)	(2)	(3)
Ln（CD）	0.318** (0.127)	omitted	0.308** (0.121)
常数项	-3.345 (2.230)	1.865 (4.442)	3.415*** (0.491)
拟合优度	0.809 (3.518)	0.132 (0.822)	-2.438 (2.249)

注：表中括号内数据为对应回归系数的标准差；***、**、*分别表示回归结果在1%、5%、10%的水平上显著。

四、结论与建议

本章节的实证研究结论表明，本地市场效应在电影行业中不存在，这可能与本地市场规模的选取指标有关。严格的贸易壁垒、增加国产电影数量措施有助于提高一国电影自给率，电影荧幕数量对电影自给率影响不显著。中国作为文明古国，拥有五千多年的历史，蕴含着丰富的艺术和文化题材。中国电影具有较大的发展潜力，本书结合实证结果，给出提高中国电影自给率的对策建议如下：

（1）制定合适的电影贸易壁垒。根据世界贸易组织（WTO）电影例外原则、UNESCO保护文化多样性原则，制定合适的贸易壁垒，有助于提高我国电影自给率。

（2）合理推进电影基础设施建设。中国电影基础设施包括城市院线数量、电影院数量、银幕数量保持了快速增长，但是从发达国家电影产业发展经验和本书实证结果来看，荧幕数量需维持在合适水平，并不是越高越好。

（3）电影产量。中国电影产量始终保持增长，数量众多的电影给电影生产营造激烈的竞争环境，有利于提高电影质量，从而提高电影自给率。

第三节　贸易壁垒、消费成瘾性和电影进口

电影作为核心文化产品，具有文化和经济的双重属性。一国电影的对外贸易状况不仅能彰显其产业竞争力，也反映出一国在对外文化交流中所处的地位。2012 年，中国成为仅次于美国的全球第二大电影市场，国内电影总票房收入达 171 亿元，其中进口电影票房收入 88 亿元，而中国电影的海外销售和票房收入仅为 11 亿元，中国电影贸易存在着巨大逆差①。进口电影满足了一国消费者的多样化选择需求，与此同时进口电影所传递的思想观、价值观将潜移默化影响消费者的意识形态，甚至有可能侵蚀一国的文化主权。

由于担心自由贸易导致全球文化趋同，世界贸易组织（WTO）基于 GATT1994 第 4 条“电影片的特殊规定”并没有将电影纳入自由贸易轨道，甚至在各领域还广泛存在公共道德例外条款②。2005 年联合国教科文组织（UNESCO）也颁布了《保护和促进文化多样性公约》。这意味着为了维护国家文化主权，政府有权利采取措施以保护一国文化产业。在此背景下，各国都对进口电影采取了较一般商品更为严格的贸易限制措施，但是在许

① 资料来源：联合国教科文组织电影统计数据库网站。

② 在货物贸易领域，GATT 第 4 条“电影片的特殊规定”允许缔约方制定或维持电影片的放映限额，从而使其成为国民待遇和最惠国待遇义务的例外。

多国家进口电影票房占国内总票房之比仍居高不下，电影自给率非常低。是贸易保护主义在电影产业中失效了吗？

消费成瘾性指消费者过去对某种商品的消费会增加其现在对这种商品的消费，即在成瘾性消费中消费者的边际效用不是递减而是递增。该观点可追溯到马歇尔，他认为对音乐的品位会随着暴露在音乐中的时间增加而提升。消费成瘾性在很长一段时间内被认为是非理性行为，从而游离于以理性经济人假设为基础的主流经济学之外。时间偏好的引入对将消费成瘾性纳入主流经济学分析框架内起到革命性作用。随着消费成瘾性的理论框架不断完善，学者们对消费成瘾性展开了经验研究，研究范围从烟草、酒精、咖啡因拓展到包括电影在内的文化产品。进口电影票房占比的居高不下是否与进口电影消费的成瘾性相关呢？

本章节利用 19 个国家 2005 ~ 2011 年的电影进口数据，重点探讨了贸易壁垒、消费成瘾性对电影进口的影响，本书试图厘清以下问题：贸易壁垒是否抑制了电影进口，而消费成瘾性是否促进了电影进口。实证研究电影进口的影响因素将为我国提高电影自给率、发展电影贸易和对外贸易谈判提供参考和建议。

一、文献综述

随着文化贸易的不断壮大，近年来在文化贸易的理论构建和实证研究方面取得了不少进展。电影是最典型的文化产品，这些进展也启迪了本书的研究。

在文化贸易的理论研究方面，考虑文化产品不同于传统制造业的特殊属性，不少学者关注传统的国际贸易理论能否适用于文化产品贸易。马斯科莱尔（Mas - Colell，1999）认为，由于文化产品如现场表演、古董等不可贸易或可贸易度程度较低，比较优势理论所提倡的专业化分工不适用于文化贸易。舒尔茨（Schulze，1999）将艺术品分为可复制艺术品和独特艺术品两大类，指出现有贸易理论既没有充分考虑可复制艺术品的消费成瘾性特征，也忽视了独特艺术品贸易交易主体通常为个人的特点，因此修正和扩展现有国际贸易理论才能更好地解释文化产品贸易。霍斯金斯和马尔斯（Hoskins and Mirus，1998）认为先行者优势、规模经济是美国能够主导全球文化贸易的主要原因。思罗斯比（Throsby，1999）认为大部分文化产品贸易属于产业内贸易，需求偏好相似理论可以用来分析文化产品贸易。戈登和冲（Gorden and Chong，2011）将异质性企业贸易理论扩展到电影贸易，发现其与制造品贸易不同，电影贸易主要沿着内生性边界展开。

有关文化贸易的实证研究主要围绕文化贸易流量的影响因素展开探讨。虽然有关贸易流量影响因素的国际贸易文献十分丰富，但这些文献多以传统的制造品为分析对象，并未充分考虑文化产品的特殊属性。因此有关文化贸易影响因素的实证文献，大都深入挖掘文化产品的特性，纳入贸易壁垒、消费成瘾性、文化距离等变量。

电影与传统制造品的区别在贸易壁垒上也有所体现。马尔瓦斯蒂（Marvasti，1994）考察了关税、资本—劳动比率、市场份额、国内市场规模、品位相似性等对电影国际贸易的影响，研究结果表明电影行业普遍存在外部规模经济，关税是该行业的有效贸易壁垒。戈登和冲（Gorden and Chong，2011）扩展了梅尔茨（Meltz，2003）模型，实证研究表明电影贸易与地理距离、语言距离和其他种类贸易壁垒负相关。然而，马尔瓦斯蒂和坎特伯里（Marvasti and Canterbery，2005）收集了1991～1995年美国与33个国家之间的电影贸易数据，其研究结果表明贸易壁垒无法减少电影进口。

一些学者认为，消费成瘾性是文化产品拥有的重要特征之一。麦凯恩（McCain，1995）指出，相较其他产品，文化产品的需求更取决于品味的培养，而品位的培养主要通过在消费中学习和理性上瘾这两条途径来实现。金姆和帕克（Kim and Park，2010）以韩国数据作为分析样本，发现电影需求与票价、收入无关，成瘾性是电影需求的重要决定因素，电影消费不仅是成瘾的，而且成瘾性还是理性的。刘杨等（2013）基于 11 个 OECD 成员方 2001 ~ 2010 年文化产品出口数据，对影响文化产品贸易的相关因素进行了深入的实证研究，认为文化产品的消费成瘾性对文化贸易量有着持续的、显著的正向影响。相反，卡梅伦（Cameron，1996）采用 1965 ~ 1983 年英国电影需求的截面数据，用人均观影次数作为因变量，相对电影票价、实际收入、电影荧幕数量和彩色电视机作为自变量，最小二乘回归估计结果无法支撑理性上瘾模型。

国内外不少学者研究了文化距离对文化贸易流量的影响，但是学者们对此尚未达成共识。古索、萨皮恩礼和津加莱斯（Guiso，Sapienza and Zingales，2005）、林德斯（Linders，2005）认为两国间的文化距离越大，投资成本越大，企业将选择出口替代跨国投资，故而文化距离越大，文化贸易额越高；而布瓦索和费兰蒂诺（Boisso and Ferrantino，1997）、塔德斯和瓦特（Tadesse and White，2008）、曲如晓和韩丽丽（2010）认为文化距离越大，越难理解、掌控及预测对方的行为，从而增加了贸易成本，文化距离对贸易存在着抑制效应。

综上，本章发现关于消费成瘾性、贸易壁垒、文化距离对文化产品贸易流量影响的既有研究并未获得一致结论。可能的原因在于：第一，当前国际组织、各国在文化产品概念及统计口径间题上并未统一，各研究文献通过不同的数据来源获取的数据存在差异，这直接导致文化贸易研究得出不同结论。第二，文化产品涵盖多种特点迥异的产品，既有可复制的电影、音乐类，也有不可复制的古董类。既然各类文化产品的特点不同，那么其贸易流的影响因素可能也不一样。有鉴于此，本章将充分考虑不同统计口径的合理性，在总体考察的基础上区分大市场国家和小市场国家，考察贸易壁垒、消费成瘾性对电影进口的影响。

二、模型设定、变量和数据选取

（一）模型设定

引力模型是研究国际贸易流量最主要的方法。廷贝尔根（Tinbergen，1962）率先采用引力模型研究国际贸易流量，该模型解释了两国的经济总量、地理距离对国际贸易流量的影响。随着研究的深入，为更好地对现实世界的国际贸易进行刻画与模拟，学者们逐渐将共同语言、边界效应、优惠贸易协定、贸易壁垒、殖民关系等指标纳入引力模型中，从而更为全面地考察国际贸易流量的影响因素。

电影产业的重要特征与引力模型的假定一致，如非完全竞争、规模经济。引力模型假定存在由于空间距离带来的交通运输成本，虽然电影的运输成本可以忽略不计，但是存在着来自其他距离比如文化距离导致的成本。考虑到电影的文化属性，对廷贝尔根（Tinbergen，1962）一般形式的引力模型做出以下修正和拓展：第一，假定观众更偏好采用本国语言拍摄、反映本国价值观的电影，据此本书在模型中引入文化距离变量；第二，考虑进口电影消费的成瘾性，将消费存量纳入模型；第三，本章节的目标之一是研究贸易壁垒对电影进口的作用，故模型的自变量也囊括了贸易壁垒变量。模型的最终形式为：

$$\begin{aligned} Ln(IMS_{i,t}) = \beta_0 + \beta_1 Ln(TBI_{i,t}) + \beta_2 Ln(CC_{i,t}) + \beta_3 Ln(CD_i) \\ + \beta_4 Ln(DIS_i) + \beta_5 Ln(RIN_{i,t}) \\ + \beta_6 Ln(PRO_{i,t}) + \varepsilon_{i,t} \end{aligned} \quad (7-3)$$

其中，$IMS_{i,t}$代表第 t 年 i 国的电影进口规模，$TBI_{i,t}$表示第 t 年 i 国对进口电影设置的贸易壁垒，$CC_{i,t}$代表第 t 年 i 国拥有的进口电影消费存量。控制变量包括 CD_i 代表 i 国与贸易伙伴的文化距离，DIS_i 代表 i 国与贸易伙伴之间的地理距离，$RIN_{i,t}$代表 i 国在第 t 年的市场规模，$PRO_{i,t}$代表 i 国在第 t 年的电影产量，$\varepsilon_{i,t}$为模型的随机误差项。

（二）变量选取和数据来源

囿于数据的可获得性，本章节选取 19 个国家，包括澳大利亚、巴西、加拿大、智利、中国、法国、德国、印度、意大利、日本、墨西哥、荷兰、挪威、韩国、西班牙、瑞典、瑞士、英国、美国。据 UNESCO 的统计数据，2011 年 19 个国家电影产量为 4380 部，占全球电影产量的 70%，这表明国家样本的选取有相当大的代表性（时间样本为 2005～2011 年）（见表 7－8）。

表 7－8 变量选取及数据来源

变量名	变量描述	数据来源
IMS	一国进口电影票房占总票房份额（单位：%）	UNESCO
TBI	电影贸易壁垒指数（取值 0～100）	OECD
CC	电影消费存量（单位：百万次）	笔者利用 UNESCO 数据自行计算

续表

变量名	变量描述	数据来源
CD	文化距离（取值大于0）	笔者利用 Hofstede 官网数据自行计算
RIN	本地市场规模（单位：十亿美元）	BVD 宏观经济数据库
DIS	地理距离（单位：公里）	CEPII
PRO	国内电影年产量（单位：部）	UNESCO

1. 电影进口规模（IMS）

联合国的 Comtrade 数据库将电影贸易限定为商品贸易，其对应的编码是 SITC8830，指的是通过边境运输的有形电影的价值，即电影胶片的价值。对有形的电影胶片运输的统计大大低估了电影收入，Comtrade 的电影进出口统计数据无法真实地反映电影贸易状况。例如据 Comtrade 统计，2000 年美国出口到法国、德国、英国的电影金额分别是 0.5 百万美元、0.5 百万美元、6.5 百万美元，然而 UNESCO 数据显示，2000 年美国电影在这三个国家的电影票房收入分别是 513 百万美元、615 百万美元、429 百万美元。

消费者可以通过电影院、租赁和购买影碟、付费电视来消费电影。通常分销商先在电影院发布电影，一段时间后再通过租赁影碟和付费电视来销售电影，通过互联网提供的电影服务只占电影收入的一小部分。由于非影院的电影收入数据无法获得，故本章节将电影收入限定在电影院放映所获得的票房收入。票房收入相当于电影院电影服务的 CIF 价值，包括进口关税、运输成本和其他将服务送达消费者所产生的费用，还有消费税和电影院的展览费用。本书用进口电影票房占一国总票房收入之比来衡量一国电影进口状况，数据来源为 UNESCO。

2. 贸易壁垒指数（TBI）

除了保护本国文化产业以外，捍卫文化主权也是各国在实施文化产品进口限制措施时经常援引的理由之一。因此，进口电影普遍面临较传统商品更为严格的贸易限制措施。各国除了采用传统的关税、配额、补贴来限制电影进口，还有外资市场准入、知识产权保护等种类繁多的服务贸易壁垒。表 7 – 9 列出了 19 个样本国家 2005 ~ 2011 年实施 5 种较为常见的电影贸易壁垒的情况，其中包括关税（TAR）、进口配额（QUO）、荧幕配额（SRQ）、补贴（SUB）、配音管制（DUB），其取值为 0、1，其中 1 代表存在该贸易壁垒，0 代表不存在该贸易壁垒。在实证研究中纳入代表各种具体贸易壁垒的哑变量，将导致多重共线性，因此本书采用贸易壁垒指数来衡量各国对电影贸易的限制程度。

表 7 – 9 各国电影贸易壁垒统计（2005 ~ 2011 年）

国家	关税（TAR）	进口配额（QUO）	荧幕配额（SNQ）	补贴（SUB）	配音管制（DUB）	贸易壁垒指数（TBI）
澳大利亚	0	0	0	0	0	9.9
巴西	1	0	1	1	1	29.9
加拿大	1	0	0	1	0	24.1
智利	1	0	0	1	0	15.2
中国	1	1	1	1	0	44.7
法国	1	0	0	1	1	21.6
德国	1	0	0	1	0	10.0
印度	1	0	0	0	1	26.8
意大利	1	0	0	1	0	15.4
日本	0	0	0	0	0	14.9
韩国	1	0	1	1	0	13.8
墨西哥	1	0	1	1	1	22.1

续表

国家	关税（TAR）	进口配额（QUO）	荧幕配额（SNQ）	补贴（SUB）	配音管制（DUB）	贸易壁垒指数（TBI）
荷兰	1	0	0	0	0	6.2
挪威	0	0	0	1	0	13.0
西班牙	1	0	1	1	0	9.0
瑞典	1	0	0	1	0	14.8
瑞士	0	0	0	1	0	21.2
英国	1	0	0	1	0	14.4
美国	1	0	0	0	0	6.0

注：1 代表贸易壁垒存在，0 表示贸易壁垒不存在。
资料来源：OECD 网站。

OECD 的 STRI 数据库发布了全球 40 个国家各服务部门的贸易壁垒指数，其中电影贸易壁垒指数是依据 62 种贸易限制措施计算而来，OECD 将这 62 种限制措施归为 5 大类：市场准入限制、人员流动限制、其他歧视性措施、竞争壁垒和透明度壁垒。电影贸易壁垒指数取值在 0 ~ 100 之间，取值越大，代表贸易壁垒越严格。

3. 消费成瘾性指标（CC）

检验进口电影消费成瘾性假设，即验证消费者的现期消费是否依赖于前期消费。针对电影的特征，本书采用观影人次代替贸易额来计算消费存量，用一国历年进口电影票房收入除以该国平均电影票价，得到一国历年进口电影观影人次，即表示该国观众接触进口电影的频次。计算消费存量的方法为：

$$CC(t) = \sum_{i=0}^{t-1} \beta^{t-1-i} C(i) \tag{7-4}$$

其中，CC(t) 表示由前期的消费形成的第 t 期消费存量，C(i)

表示第 i 期观看进口电影人次，β 代表前期消费对现在消费的影响程度，其取值范围 $0<\beta<1$，较低的 β 意味着一期消费完成后所带来的效用持续的时间更短。一般而言，β 的取值位于 0.1 ~ 0.4 之间，即一期消费完成后其效用持续时间为 2 ~ 5 年。参考刘杨等（2013），本章将 β 设定为 0.4 来进行分析，即一期消费的效用约在 5 年后消失。

4. 文化距离（CD）

由于全球绝大多数国家的进口电影均来自美国，因此，本章节采用一国与美国的文化距离衡量文化差异对一国电影进口的影响。借鉴古特和辛格（Kogut and Singh，1988）的计算公式，具体如式（7 -2）所示。

5. 本地市场规模（RIN）

不少学者论述了本地市场效应对电影贸易的影响，即拥有大规模本地市场的国家倾向于生产出多品种、高质量的电影，也更容易在国内外市场获得票房收入，从而拥有较高的国产电影自给率，进口电影票房占比较低（Pool，1977；Wildman and Slwek，1988；Hoskins and Mcfadyen，1998；Marvasti，1994；孙晰晶，2014）。本章节用实际可支配收入（RIN）作为本地市场规模的代理变量，数据来源为 BVD 宏观经济数据库。

6. 地理距离（DIS）

地理距离（DIS）用两个国家首都之间的测量距离表示，不受语言、历史等因素的影响，样本国家的地理距离与文化距离的相关系数仅为 0.59，这说明两变量之间相关性不大。数据来源为国际展望与信息研究中心（CEPII Research Centre）的地理及距离数据库。

7. 国产电影数量（PRO）

国产电影数量通过以下机制影响一国电影自给率：第一，国产电影数量的增加会增加符合消费者品味的高票房电影出现的概率，从而增加消费者选择国产电影的比率，提高一国电影自给率；第二，国产电影数量的增加会使消费者的选择更加多样化，可能分散消费者的选择，从而影响一国电影自给率。

三、实证结果

（一）变量描述性统计

表 7 - 10 展示了各变量的描述性统计结果。2005 ~ 2011 年，样本国家（不包括美国）进口电影票房占国内总票房之比（IMS）最高值为 98.3%，最低值为 40.5%，平均值为 82.23%[①]，这表明除美国外各国进口票房占比普遍较高。贸易壁垒指数（TBI）最高值为 44.7，最低值为 6，平均值为 17.5。消费存量（CC）最高值为 115.06，最低值为 3.32，均值为 35.703。文化距离（CD）最高值为 5.008，最小值为 0.026，均值为 2.062，与美国文化距离最大的样本国家为韩国，其次是中国；与美国文化距离最小的是澳大利亚，其次是加拿大。本地市场规模（RIN）最高值为 10454.2，最小值为 62.97，均值为 1125.785。地理距离（DIS）最高值为 16180，最低值为 548，平均值为 8802。国产电影数量（PRO）最高值为 1325，最低值为 6，平均值为 196。在

① 由于进口电影票房占美国国内票房份额很小，美国没有统计该指标，故美国该指标为缺省状态。

2005～2011年印度以年均电影产量1203部遥遥领先，紧随其后的是美国757部，中国432部，日本414部。

表7－10 各变量描述性统计

变量名	均值	标准差	最小值	最大值
IMS	82.23	15.89	40.50	98.30
TBI	17.50	9.20	6.00	44.70
CC	35.70	29.18	3.32	115.06
CD	2.06	1.34	0.03	5.01
DIS	8802.87	4186.55	548.39	16180.32
RIN	1125.78	2014.34	62.97	10454.20
PRO	196.33	279.80	6.00	1325.00

（二）计量模型分析

首先进行OLS回归，对标准误的估计采用聚类稳健的标准误方法，回归结果如表7－11第（1）栏所示。席尔瓦和滕雷罗（Silva and Tenreyro，2006）指出由于简森不等式（即 $E(Lny) \neq LnE(y)$）的存在，对方程两边取对数可能导致异方差，此时最小二乘法可能是有偏的。他们指出泊松伪最大似然估计（Poisson Pseudo Maximum Likelihood，PPML）方法可以纠正异方差导致的估计偏误问题，从而得到更可信的结果。其次在OLS回归之后进行异方差检验，结果显示出非常明显的异方差。在此情况下，相较OLS回归方法，应该选择更合适的PPML估计方法。PPML回归结果如表7－11第（2）栏所示，OLS、PPML回归方法都是将面板数据当作截面数据来进行混合回归，其基本假设是不存在个体效应的，借助LM检验对是否存在个体效应进行统计检验。在对模型进行随机效应GLS估计后，进行LM检验，LM检验强烈拒绝“不存在个体随机效应”的原假设，即认为在随机效应与混合回归之间，应该选择随机效应。表 7 - 11 所示为全样本进行 OLS、PPML、随机效应 GLS 回归的结果。

表 7 - 11　　全样本回归结果

变量	OLS	PPML	随机效应 GLS	
	(1)	(2)	(3)	(4)
Ln（TBI）	-0.049 (0.069)	-0.083 (0.073)	-0.044 (0.065)	0.158 (0.616)
Ln（CC）	0.102 (0.082)	0.214 (0.165)	0.037 (0.029)	0.042 (0.037)
Ln（CD）	-0.074** (0.31)	-0.169*** (0.036)	-0.087* (0.033)	-0.082** (0.036)
Ln（DIS）	-0.239*** (0.076)	-0.504*** (0.095)	-0.279*** (0.096)	-0.258** (0.117)
Ln（RIN）	-0.194** (0.080)	-0.436*** (0.121)	-0.135** (0.070)	-0.043 (0.269)
Ln（PRO）	-0.062 (0.085)	-0.106 (0.097)	-0.051 (0.048)	-0.048 (0.042)
Ln（TBI）×Ln（RIN）				-0.074*** (0.019)
常数项	3.338*** (0.339)	7.495*** (0.392)	3.415*** (0.491)	3.097*** (0.985)
拟合优度	0.809	0.734	0.848	0.836

注：表中括号内数据为对应回归系数的标准差；***、**、* 分别表示回归结果在 1%、5%、10% 的水平上显著。

在全样本回归模型中，贸易壁垒指数（TBI）、消费存量（CC）和国产电影数量（PRO）的回归系数皆不显著，这意味着总体而言，贸易保护主义在电影行业中失效，进口电影不具备消费成瘾性特征，与此同时，国产电影数量无法影响电影进口。文化距离（CD）与地理距离（DIS）的回归系数显著为负，表明文化距离、地理距离抑制了一国的电影进口。本地市场规模（RIN）系数显著为负，说明一国本地市场越大，进口电影票房占比越小，在电影行业本地市场效应十分明显。

原始模型假定对于任意水平的本地市场规模，贸易壁垒对电影进口的影响是相同的。由于在电影行业本地市场效应十分明显，因此存在这样一种可能：随着本地市场规模的变化，贸易壁垒对电影进口的影响不同。为考察该效应，在模型中加入贸易壁垒指数 Ln（TBI）与本地市场规模 Ln（RIN）的交叉项，实证结果显示交叉项系数显著为负，这说明 TBI 与 RIN 之间相互影响。加入交叉项后，贸易壁垒指数的系数为 0.158 − 0.074Ln（RIN）。当 Ln（RIN）大于 2.135 时，Ln（TBI）系数为负；当 Ln（RIN）小于 2.135 时，Ln（TBI）系数为正。这意味着，在不同的本地市场规模国家中，贸易壁垒对进口电影的影响不一致，本书将分别探讨大市场国家、小市场国家电影进口的影响因素。

（三）区分大市场、小市场

按照 2005～2011 年各国本地市场规模大小，以中位数为分界点将样本划分为大市场国家样本和小市场国家样本。大市场样本包括美国、日本、德国、英国、法国、中国、意大利、西班牙、印度；小市场样本包括加拿大、巴西、荷兰、澳大利亚、挪威、瑞士、瑞典、韩国、智利、墨西哥。本书发现除韩国以外，大市场国家的年均电影产量普遍高于小市场国家的年均电影产量。表 7－12 列出了对大市场样本和小市场样本采用 PPML、随机效应 GLS 回归得到的估计结果。

表 7－12 分样本回归结果

变量	大市场		小市场	
	PPML	随机效应 GLS	PPML	随机效应 GLS
Ln（TBI）	－0.422 *** （0.077）	－0.182 *** （0.014）	0.151 *** （0.046）	0.064 ** （0.026）
Ln（CC）	0.097 （0.202）	0.060 （0.105）	0.069 （0.060）	0.028 （0.028）
Ln（CD）	－0.137 ** （0.073）	－0.057 *** （0.007）	－0.068 *** （0.023）	－0.028 ** （0.013）
Ln（DIS）	－0.363 （0.343）	－0.144 （0.118）	－0.010 （0.080）	－0.002 （0.046）
Ln（RIN）	－0.622 *** （0.119）	－0.272 *** （0.023）	－0.134 （0.141）	－0.050 （0.061）
Ln（PRO）	－0.130 （0.172）	－0.066 （0.073）	0.020 （0.087）	0.005 （0.040）
常数项	8.182 *** （1.257）	3.498 *** （0.479）	4.561 *** （0.328）	1.962 *** （0.197）
可决系数	0.921	0.921	0.29	0.252

注：表中括号内数据为对应回归系数的标准差；***、**、* 分别表示回归结果在 1%、5%、10% 的水平上显著。

贸易壁垒指数（TBI）系数在大市场样本和小市场样本回归模型中的符号截然相反。在大市场样本回归模型中，TBI 系数显著为负，这表明大市场国家采取较严格的贸易限制措施可以降低进口电影票房占比，提高电影自给率。而在小市场模型中 TBI 系数显著为正，这意味着贸易保护主义在小市场国家的电影行业失效，严格的贸易限制措施不仅不能降低进口电影票房在本国总票房收入中的占比，反而使之上升。可能的原因有如下两点：第一，与电影的消费特点相关。即使政府对进口电影贸易采取了更严格的贸易壁垒，诸如配额或外资股权限制或服务贸易壁垒，但这些都无法限制国内消费者的观影人次。消费者在国产影片与进口影片之间的观影选择，直接决定了进口电影票房占比。第二，与电影的生产特点相关。电影的特点是生产成本巨大，但是复制成本几乎可以忽略不计，具有很强的规模经济效应，同时属于资本密集型行业。本地市场较大的国家在对进口电影实施限制后，足够大的本地市场为电影行业发挥规模经济优势提供了基础，支撑电影的高额投资预算，吸引优秀的编剧、著名导演、明星加盟，从而拍摄出受消费者青睐的国产大片，这使得进口电影票房占比下降[①]。而小市场国家即使加强对进口电影的限制，由于本国市场规模较小，无法发挥电影行业的规模经济，不能给予电影高投资，而且严格限制进口电影反而导致竞争效应的缺失，国产电影无法提高质量，消费者便倾向选择进口电影，从而导致进口电影票房占比反而上升。电影在生产、消费方面的特殊属性决定了贸易保护主义在小市场国家行不通。

消费成瘾性（CC）系数在大市场样本和小市场样本回归模型中皆不显著，即本章节的实证结果表明进口电影不具备消费成瘾性特征，这与卡梅伦（Cameron，1999）的结论一致。消费存量的确在消费者的理解、欣赏，如歌剧、古典音乐、爵士等高雅表演艺术中发挥重要作用。而电影虽然也是一种表演形式，但更

---

① 从实证数据来看，在 2005 ~ 2011 年中国贸易壁垒指数（TBI）为非时变变量，面板数据模型只能从横截面识别 TBI 对进口电影的影响，样本国家中中国对电影进口设置了最严格的贸易壁垒，进口电影票房占比也最低，这符合本章节的实证结果。从中国电影产业发展历程来看，改革开放以来，中国电影贸易政策不断放松：1994 年起在电影进口买断放映权的基础上每年进口 10 部分账大片；2001 年之后配额增加至每年 20 部；2012 年起在原有配额基础上每年新增 14 部 3D 或 IMAX 影片。随着进口配额的放松，中国进口电影票房占比出现阶段性变化：1994 ~ 2001 年，放松电影贸易壁垒的竞争效应不明显，受进口大片的冲击，国产电影进入萧条期，进口电影票房占比上升；自 2002 年起，中国电影配额继续扩大，国产电影票房逐渐获得优势并以微弱多数超过进口电影票房。这主要源于体制改革的冲击，即 2002 年中国电影开始真正的产业化之路，国产电影从文化事业向市场产品转变，这极大提高了中国电影的质量，从而降低了进口电影的票房占比。

加通俗易懂，欣赏门槛较低，更何况好莱坞电影的国际化水平日益提高，这使得进口电影不存在明显的消费成瘾性。

文化距离（CD）系数在大市场样本和小市场样本回归模型中皆显著为负，这表明文化距离抑制了本国电影的进口。文化距离越大，表明两国的风俗、价值观差异越大，认同感越低，观众也很难从进口电影中获得效用。美国之所以能主宰全球电影贸易，与其文化软实力有着密切关系。一方面，美国文化软实力十分强大，文化的强势认同规则使得美国文化对他国民众产生强大的吸引力，包括对好莱坞电影的趋之若鹜；另一方面，好莱坞大片的输出进一步将美国文化渗透到其他国家，增加他国对美国文化的认同感，并潜移默化地影响他国文化。

地理距离（DIS）系数在大市场样本和小市场样本回归模型中并不显著，但在全样本中系数显著为负。从统计学角度来看，由于子样本容量比较小，子样本中的某些数据很容易变为异常值，因此子样本中变量系数的显著性下降。从经济意义上来讲，由于电影的运输成本几乎可以忽略不计，在控制了文化距离变量的情况下，地理距离对电影贸易流量的影响不显著，子样本回归结果更符合理论预期。

本地市场规模（RIN）系数在大市场样本回归模型中皆显著为负，即在大市场国家中本地市场规模对进口电影产生显著影响，而在小市场样本回归模型中并不显著，即小市场国家的电影进口对本地市场规模并不敏感。其可能的原因是：本地市场规模影响电影进口存在“门槛效应”，当一国的市场并不足以支撑国产电影发展时，其市场规模无法影响进口电影票房占比。

国产电影数量（PRO）系数在大市场样本和小市场样本回归模型中皆不显著，这说明无法通过增加国内电影产量来减少进口电影票房占比，提高电影自给率。

（四）稳健性

1. 剔除日本、印度样本

由于印度不进口好莱坞电影、日本进口电影的来源多样化，本书在回归样本中剔除印度、日本，发现解释变量系数符号、规模、显著性没有实质变化，回归结果如表 7－13 模型（1）所示。

表 7－13　　　　稳健性检验

解释变量	模型（1）			模型（2）		
	全样本	大市场样本	小市场样本	全样本	大市场样本	小市场样本
Ln（TBI）	－0.054 （0.033）	－0.397*** （0.047）	0.064** （0.026）	－0.554 （3.354）	－0.439** （0.239）	0.017 （0.525）
Ln（CC）	0.025 （0.021）	－0.012 （0.083）	0.028 （0.028）	0.064 （5.516）	0.079 （3.440）	－0.021 （4.071）

注：表中括号内数据为对应回归系数的标准差；***、**、* 分别表示回归结果在 1%、5%、10% 的水平上显著。

2. 更换消费成瘾性的衡量指标

参考贝克尔和墨菲（Becker and Murphy，1988）、金姆和帕克（Kim and Park，2010）的做法，将现期消费的滞后一期消费作为成瘾性的代理变量，本书采用进口票房收入占总票房收入之比的滞后一期作为成瘾性指标，实证结果表明消费存量的回归系数依然不显著，这表明进口电影不存在消费成瘾性，回归结果如表 7－13 模型（2）所示。

四、结论和启示

本章节基于 19 个国家 2005～2011 年的电影进口数据，对影响电影贸易的相关因素进行了深入的实证研究，重点探讨了贸易壁垒和消费成瘾性对电影进口的作用。大市场国家提高贸易壁垒可以限制电影进口，而在小市场国家贸易保护主义失效；无论是在大市场国家还是在小市场国家，皆未发现进口电影消费成瘾性的证据，文化距离抑制了一国的电影进口，地理距离、国产电影数量不是一国电影进口的决定因素。

基于电影的经济、文化双重属性，提高国产电影自给率、降低进口电影票房比率是各国政府所追求的目标。根据本章节的研究结论，可以得出如下启示：

（1）将电影产业作为我国的战略性产业，努力提高电影质量。鉴于电影产业的规模经济和资本密集型特征，电影具备成为中国战略性产业的潜质。然而以量取胜在电影产业行不通，仅扩大国产电影产量无法抵御进口电影的冲击。拓宽电影的融资渠道，拍摄出符合消费者品位的高质量电影，才能用国产电影替代进口电影，提高电影自给率。

（2）在 WTO 框架下，采取适当的电影贸易限制措施。虽然进口电影消费不具备成瘾性特征，但也不应该贸然放松电影限制措施。考虑中国目前仍旧处于电影贸易逆差的局面，中国应该充分利用 GATT1994 第 4 条“电影的特殊规定”、公共道德例外条款，采取适当的电影贸易限制措施，给国产电影提供一定的成长空间，充分发挥本地市场效应，培育国产电影竞争力。

（3）加强对外文化交流，降低中国电影出口的文化折扣。长期来看，扩大对外文化交流与宣传，如在海外举办中国文化年、播放国家形象广告片等，让外国消费者了解中国文化，加强外国消费者对中国文化的认同感，减少中国与他国之间的文化距离，这是降低中国出口电影文化折扣的根本途径。短期而言，调整电影产品制作内容、形式与营销策略，使之匹配进口国的文化环境，从而减少中国电影出口的文化折扣。

第四节　本章小结

电影作为核心文化产品，具有文化和经济的双重属性。一国电影的生产、贸易状况不仅彰显其产业竞争力，也反映一国在对外文化交流中所处的地位。本章聚焦电影产业，从电影产量、电影票房、电影票价、人均观影次数、电影基础设施、电影进口等角度，比较中国与其他主要电影生产国得出结论：中国电影产业仍处于上升时期，未来有较大的发展潜力。

电影自给率在一定程度上可以反映一国电影竞争力的强弱，也是一国政策制定者极为关注的指标之一。本章的实证研究结论表明，本地市场效应在电影行业不存在，这可能与本地市场规模选取指标有关。严格的贸易壁垒、增加国产电影数量措施有助于提高一国电影自给率，电影荧幕数量对电影自给率影响不显著。

第八章

文化贸易与“一带一路”建设

自2013年“一带一路”倡议提出以来，我国与“一带一路”沿线国家开展了密切的贸易往来，加强了我国与“一带一路”沿线国家之间的政治、经济与文化交流，加强了中国在国际贸易中的竞争力。但是由于文化、宗教和制度方面的差异，我国与沿线国家之间也出现了交流不畅、纠纷出现、成本增加等一系列问题，亟需寻求破解之道。文化交流与沟通是实现“一带一路”沿线国家政策沟通、设施联通、贸易畅通、资金融通及民心相通的基础，有利于彼此增强相互信任、加深彼此感情，增加彼此的经济合作机会，而文化贸易是“一带一路”沿线国家理解、认同彼此文化的可持续路径。

第一节　“一带一路”倡议提出的时代背景与发展现状

一、“一带一路”倡议提出的时代背景

“一带一路”（The Belt and Road，B&R）是“丝绸之路经济

带”和“21 世纪海上丝绸之路”的简称，2013 年 9 月和 10 月由中国国家主席习近平分别提出建设“新丝绸之路经济带”和“21 世纪海上丝绸之路”的合作倡议。依靠中国与有关国家既有的双多边机制，借助既有的、行之有效的区域合作平台，“一带一路”旨在借用古代丝绸之路的历史符号，高举和平发展的旗帜，积极发展与沿线国家的经济合作伙伴关系，共同打造政治互信、经济融合、文化包容的利益共同体、命运共同体和责任共同体。2015 年 3 月 28 日，国家发展改革委、外交部、商务部联合发布了《推动共建丝绸之路经济带和 21 世纪海上丝绸之路的愿景与行动》。

（一）拓展新的发展出路，促进中国市场与外国市场连接

通过“一带一路”倡议的实施，基础设施特别是交通设施的建成有利于中国市场与外部市场的连接。铁路的建成可以有效降低运输成本，从而消除中国和亚洲、非洲、拉丁美洲等国家之间由“地理因素”带来的贸易壁垒。通过丝路国家之间贸易成本的下降，国内企业可以更好地“走出去”，进一步扩大国内产品的市场。

（二）西部大开发的战略转型

改革开放 40 多年以来，一方面，中国的经济发展取得长足进步，国民收入水平持续提升，目前已成为全球仅次于美国的第二大经济体；另一方面，我国东部、中部和西部的收入差距也在进一步拉大。东部地区凭借天然的地理位置和政策优惠，成为国内经济发展的领头羊，也是我国贸易、对外直接投资的主体。地理位置的限制使得中部、西部在对外贸易中处于天然的劣势位置，无法很好地抓住全球化带来的发展机遇。

而“一带一路”倡议将我国中西部地区与亚欧进行了连接。

韩永辉（2015）通过研究发现，中国与西亚地区的经济存在互补性，贸易的合作空间广阔。中西部省份作为“陆上丝绸之路”的起点，向西连接了中亚、西亚、中东欧、非洲，实际上是以中西部省份为核心的再一次开放，是我国中西部地区经济发展的新契机。

（三）文化走出去的现实需要

“一带一路”涵盖了全球超过 60% 的人口[①]，各式各样的文明在这条丝绸之路上大放异彩。“一带一路”平台增加了各国文化交流的机会。文化交流不单单是经济建设的附属品，良好的文化互动可以降低彼此之间的“文化成本”，缩短文化距离，有利于双方的经贸合作。“一带一路”虽然更多涉及的是经济方面，实际上与文化密不可分，如果新丝路有文化的滋润，必将对“一带一路”倡议的高质量发展起到促进作用。

（四）扩大国际经济合作的迫切需要

当今世界正发生着复杂深刻的变化，逆全球化思潮兴起，新冠肺炎的流行导致各国政府对供应链安全日益重视。作为全球唯一处理国际贸易规则的国际组织，WTO 举步维艰，难以在新的贸易领域达成一致规则。“一带一路”倡导的是亚非欧地区的共同发展，以互利共赢为宗旨的区域经贸合作。“一带一路”是开放的、自愿的、具有极大包容性的平台，在政治互信、经济互惠、文化互通的基础上开展的广泛合作，有很强的生命力。“一带一路”建设可以促进经济要素有序的自由流动、资源高效配置和市场深度融合，推动沿线各国实现经济政策协调，开展更

---

① 资料来源：中国一带一路网站。

大范围、更高水平和更深层次的区域合作。“一带一路”符合国际社会的根本利益，推进“一带一路”建设既是中国扩大和深化对外开放的需要，也是加强和亚欧非及世界各国互利合作的需要。

二、“一带一路”倡议的发展现状

（一）政策沟通

截至2021年11月20日，中国与141个国家和32个国际组织，签署了206份共建“一带一路”合作文件，商签范围由亚欧地区延伸至非洲、拉丁美洲、南太平洋、西欧等相关国家。

（二）贸易畅通

贸易畅通是“一带一路”建设的重点内容。自“一带一路”倡议提出以来，中国与沿线国家在贸易上取得了丰硕成果。中国与沿线国家贸易额占外贸总额的比重逐年提升，由2013年的25%提升至2018年的27.4%。

（三）资金融通

我国金融机构围绕推动构建长期、稳定、可持续、风险可控的多元化融资体系，为“一带一路”建设项目提供充足、安全的资金保障。截至2019年6月底，中国出口信用保险公司在沿线国家累积实现保额7704亿美元，支付赔款约28.7亿美元；丝路基金实际出资额近100亿美元，先后与21个沿线国家建立双边本币互换安排，与7个沿线国家建立了人民币清算安排，与35

个沿线国家的金融监管当局签署了合作文件。① 人民币国际支付、投资、交易、储备功能稳步提高，人民币跨境支付系统（CIPS）业务范围已覆盖60多个沿线国家和地区。

三、“一带一路”倡议建设面临的问题

总体上看，在短短的几年内“一带一路”建设取得了很大的成就，但是由于文化、宗教以及社会制度等方面的差异，也出现了因交流不畅而产生的经济、文化纠纷等问题亟待解决。

第一，在“一带一路”倡议实施过程中，由于文化、宗教、制度等方面的差异，出现了部分中国企业在沿线国家经济交流不畅、纠纷不断、成本增加等一系列问题，对中国企业海外形象造成负面影响。近年来，从福布斯发布的全球500强企业榜单来看，上榜中国企业数量及名次都大幅上升，这反映出中国企业的“硬实力”在不断上升，但是，这并不代表中国企业在“一带一路”沿线国家中能够获得优势地位。其原因在于，由于文化、制度、宗教的差异，使得部分中国企业在对外交流、谈判的过程中难以得到其他国家的认同。忽视文化差异，可能导致东道国民众对企业的误解，引发企业危机，从而引致企业跨国投资的失败。

第二，文化交流的滞后，也使得中国企业的出口因包含了中国元素的产品而难以得到其他国家的认同。这一现象的存在则是由“文化折扣”所导致的。在产品生产过程中，无论是生产企业是否有意识地受文化潜移默化的影响，都会使其在生产的产品上打上“我”的烙印。当中国与“一带一路”沿线国家存在着文

① 资料来源：中国一带一路网站。

化、宗教、制度差异时，中国企业所生产的产品会与其他国家消费者所接触的文化产生相异甚至是相悖的现象，从而使得在同样条件下，沿线国家对中国产品的需求减少。

第二节 文化贸易在“一带一路”建设中的先导作用

在“一带一路”建设初期，文化壁垒的存在使得沿线的一些国家会对此倡议存有疑虑甚至是偏见。由于受到不同文化、宗教的影响，他们对“一带一路”倡议缺乏认同感，给“一带一路”的建设和实施带来一定障碍。除此之外，以往我国的文化交流以单向宣传为主，更像是一种“灌输”式手段，缺乏和对方国家之间的互动与交流。这样的做法容易产生文化上的误解，更可能让对方国家产生反感，结果使得文化交流更多地流于形式，成果寥寥无几，难以达到拉近和对方文化距离，破除文化壁垒的目的。如果忽视文化壁垒带来的问题，对文化贸易的先导作用重视不够，将对“一带一路”的建设和实施带来不利影响。

文化交流与沟通是中国与“一带一路”沿线各国开展经贸合作的“润滑剂”与“催化剂”，是实现“一带一路”互联互通的基础。文化交流与沟通有多种形式和渠道，其中文化贸易是可持续性的沟通渠道。中国扩大对“一带一路”国家文化产品贸易有助于增加“一带一路”国家对中国文化的理解和认同，助推“一带一路”文化传播战略成功实施。

一、与“一带一路”沿线国家和地区文化产品进出口金额

如表 8 - 1 所示，我国对“一带一路”沿线国家和地区文化产品出口金额保持逐年增长。2008 ~ 2019 年，我国对“一带一路”沿线国家和地区文化产品出口金额年增长率保持在 26% 左右。2019 年中国对“一带一路”沿线国家和地区出口文化产品额为 229. 3 亿美元，约占同期中国文化产品出口金额的 22. 9% 。

表 8 - 1　　我国与“一带一路”沿线国家和地区文化产品进出口情况

年份	进出口总额（亿美元）	出口额（亿美元）	进口额（亿美元）	贸易差额（亿美元）	增长		
					进出口（%）	出口（%）	进口（%）
2008	58. 9	55. 4	3. 5	51. 9	37. 7	38. 2	29. 7
2009	53. 2	47. 9	5. 3	42. 6	-9. 6	-13. 4	51. 0
2010	71. 2	64. 2	7. 0	57. 2	33. 7	34. 0	30. 7
2011	91. 8	81. 1	10. 7	70. 4	28. 9	26. 3	53. 3
2012	129. 1	103. 4	25. 7	77. 7	40. 6	27. 4	140. 5
2013	157. 7	125. 8	31. 9	93. 9	22. 2	21. 7	24. 1
2014	169. 9	133. 9	36. 0	97. 9	7. 7	6. 4	13. 0
2015	168. 5	133. 1	35. 4	97. 7	-0. 8	-0. 6	-1. 8
2016	148. 7	125. 5	23. 2	102. 3	-11. 7	-5. 7	-34. 4
2017	176. 2	157. 9	18. 3	139. 6	18. 5	25. 8	-21. 0
2018	184. 8	162. 8	22. 0	140. 8	4. 9	3. 2	19. 7
2019	229. 3	203. 4	25. 9	177. 5	24. 1	24. 9	17. 9

资料来源：文化贸易公共信息服务平台。

2008~2019年，我国对“一带一路”沿线国家和地区文化产品进口金额出现先上升后下降的趋势。2008年我国“一带一路”沿线国家和地区进口文化产品额为3.5亿美元，2014年该值达到36.0亿美元，随后出现逐年下降的趋势。

二、与“一带一路”沿线国家和地区文化产品进出口产品结构

从表8-2可知，2019年我国对“一带一路”沿线国家主要进出口文化产品为玩具、工艺美术品及广播电视电影专业设备。

表8-2　2019年我国与“一带一路”沿线国家和地区文化产品进出口商品类别情况

项目	进出口总额（亿美元）	出口额（亿美元）	进口额（亿美元）	贸易差额（亿美元）	增长	
					出口（%）	进口（%）
合计	229.3	203.4	25.9	177.5	24.9	17.9
出版物	8.1	3.8	4.2	-0.4	31.1	109.4
图书、报纸、期刊	2.7	1.4	1.4	0	29.7	110.0
音像制品及电子出版物	0.3	0.1	0.2	-0.2	-27.8	11.8
其他出版物	5.0	2.4	2.6	-0.3	35.4	127.0
工艺美术品及收藏品	56.2	52.5	3.7	48.8	24.4	25.3
工艺美术品	56.2	52.5	3.7	48.8	24.4	25.2
收藏品	0	0	0	0	-75.0	36.0
文化用品	120.7	115.8	4.9	110.8	35.7	7.3
文具	0.4	0.4	0	0.4	2.4	72.1
乐器	5.2	3.5	1.7	1.8	17.2	10.7
玩具	88.7	86.2	2.6	83.6	33.2	14.0

续表

项目	进出口总额（亿美元）	出口额（亿美元）	进口额（亿美元）	贸易差额（亿美元）	增长	
					出口（%）	进口（%）
游艺器材及娱乐用品	26.4	25.7	0.7	25.1	49.0	-18.5
文化专用设备	44.3	31.3	13.0	18.3	-3.4	5.0
印刷专用设备	9.0	6.8	2.2	4.5	9.1	-5.7
广播电视电影专用设备	35.3	24.6	10.8	13.8	-6.3	7.6

资料来源：文化贸易公共信息服务平台。

第三节　以文化贸易推进“一带一路”建设的路径选择

中国与“一带一路”沿线国家始终保持着文化沟通交流，“一带一路”建设是我国“走出去”发展战略的当代化和具体化，是古代丝绸之路的历史延续和发展。“一带一路”建设自构想提出以来便引起学者们的高度关注和普遍认可，研究者从不同角度对“一带一路”建设进行研究，有些学者从文化的角度进行分析。蔡武（2019）认为建设“一带一路”应该坚持文化先行，通过与沿线国家的文化沟通与交流，促进区域经济的合作与发展。花建（2016）指出中国文化产业应该利用“一带一路”提供的机遇，建设互联互通的国际文化产业共同体，推动当地民众对中国文化产品的认同。李嘉珊（2016）认为，文化贸易可成为亚欧互联互通的前导链，坚持先行发展文化贸易策略，可以助推中国“一带一路”建设的有效实施。刘洪铎、李文宇和陈和（2016）借助霍夫斯泰德（Hofstede，1981，2001）的国家文化维度指数并结合科古特和辛格（Kogut and Singh，1988）等人的方法构建了文化交融指标，考察了中国与“一带一路”沿线国家的文化交融对双边贸易关系的影响，研究结论表明，提高双边的文化交融程度将有助于进一步推动中国与沿线国家贸易关系向纵深发展。

“一带一路”，文化先行。通过进一步深化与沿线国家的文化交流与合作，促进区域合作，实现共同发展，让命运共同体意识在沿线国家落地生根。在推进文化贸易发展的过程中，应当注意路径的选择，选择行之有效的方式方法，促进文化交流，进而推动“一带一路”倡议的实施。

一、树立“合作共赢”的大文化贸易观

历史上积淀而成的“丝绸之路”文化是我国“一带一路”倡议实施的文化基础。我国提出“一带一路”倡议，是希望通过利用沿线国家共同的文化遗产——丝绸之路，来重新构筑起区域之间的经贸合作和文化交流的平台，推进欧亚大陆桥区域经济的共同繁荣与发展。“一带一路”是为了推动资源的高效配置、促进市场融合，使经济要素能够自由流动，加深沿线国家之间的政治互信，使沿线国家出台的经贸政策协调有序，在更大范围、更深层次开展区域经济一体化合作，推进区域经济协调发展。

丝绸之路不仅是经济之路，同时也是文化之路。文化建设是“一带一路”宏伟蓝图的重要组成部分，是实现沿线国家民心相通的基础工程。“一带一路”是一条互尊互信之路、一条文明互鉴之路，建设“一带一路”应该文化先行。

在文化贸易过程中，要采取平等和开放的态度，不能采取独

占文化贸易利益的做法，做一个纯粹的文化输出国；要给予沿线国家充分的话语权和利益空间，努力做到互利共赢，而不是某个国家的利益最大化。要创新文化贸易理念，树立“合作共赢”的大文化贸易观，要以“文化融合，互学互鉴”的丝路精神为指针，大力推进与沿线国家的文化事业交流。

二、文化资源产业化

丰富的历史文化资源是“一带一路”沿线国家最为宝贵的财富。推动“一带一路”文化产业与贸易发展要以文化资源产业化开发为手段，通过历史文化资源的价值兑现，实现文化产业与文化贸易的长期可持续发展。

首先，在利用丝绸之路丰富文化资源的基础上，通过对文化资源进行技术创新与文化创意，提高文化产品的附加值，打造丝路特色文化与贸易产品，推动文化资源产品化发展的进程。其次，延长文化产品产业链，形成规模经济效应。最后，打造丝路文化品牌。高质量的文化贸易产品是吸引更多消费者进行文化产品消费的前提，以“开放包容，分工合作”为宗旨，全力推进与沿线国家的文化贸易，以文化贸易促进沿线国家之间的对外开放，建立健全与沿线国家的文化贸易对话与合作机制。

三、打造大中华文化贸易品牌

文化贸易利益空间巨大，决定了文化产业与贸易市场激烈的竞争程度，进而影响到一国的核心文化竞争力。通过打造具有民族特色的文化品牌，以此来吸引大量的文化消费者，并通过文化传播，提升其文化产品的信赖度和美誉度，是提升本国文化产品竞争力的基本途径。在“一带一路”建设过程中，要善于学习发达国家文化贸易的成功经验，打造自己的核心文化产业，设计中国特色的文化名片，使其成为贯穿“一带一路”建设过程中的文化主线，努力塑造大中华丝路文化贸易品牌。

华夏文明具有五千年的悠久历史，留下了丰富的、宝贵的历史文化资源，这是我国发展“一带一路”文化产业与贸易的宝贵资源，应该充分利用这些资源，大力发展文化产业与贸易，打造丝路文化品牌，全力塑造具有大中华特色的文化贸易品牌，为推动“一带一路”经济合作与发展，注入新的内在动力。

四、推进文化贸易体制改革

“一带一路”沿线国家和地区，其政治经济体制不同、管理水平千差万别、对外开放程度不同，而文化贸易涉及民族习俗、宗教信仰、文化安全等敏感问题，这些都构成了发展文化产业与贸易的障碍，亟需通过以文化贸易体制改革为核心内容的合作机制的建立，才能从根本上为沿线国家发展文化贸易创造良好的环境。

推进文化贸易体制改革必须立足于“一带一路”建设的需求。文化贸易体制的改革，不是单纯地对现有对外开放体制的完善，而是需要结合现阶段中国政治、经济、文化发展需求，以及“一带一路”建设的实际需要，借鉴文化产业发达国家的成功经验。由于涉及较多的文化贸易参与国，情况复杂多变，针对“一带一路”国家的文化贸易体制改革，需要做好顶层设计，对外通过签订多边文化经济合作协议，成立文化产业与贸易专业管理机构，推进彼此之间的文化产业与贸易合作进程。对外需要通过体制创新与监管完善，全力扶植文化贸易企业的发展，大力培育文化贸易人才，建立完善的法律制度，以促进文化贸易的发展。

参考文献

[1] 毕小青，王代丽．基于钻石模型的文化产业竞争力评价方法探析 [J]. 华北电力大学学报，2009 (3)：54－58.

[2] 曹麦，苗莉青和姚想想．我国艺术品出口的实证研究 [J]. 国际贸易问题，2013 (5)：45－54.

[3] 陈海宁．入世后中国电影产业竞争力研究初探 [J]. 文化产业研究，2008 (3)：143－153.

[4] 陈明敏，彭兴莲．"一带一路"背景下我国对外文化投资：机遇、挑战及策略 [J]. 对外经贸实务，2019 (8)：72－76.

[5] 陈勇兵，陈宇媚，周世民．企业成本、企业出口动态与出口增长的二元边际——基于中国出口企业微观数据：2000～2005 [J]. 经济学季刊，2012 (7)：1477－1502.

[6] 陈阵，隋岩．贸易成本如何影响中国出口增长的二元边际——多产品企业视角的实证分析 [J]. 世界经济研究，2013 (10)：43－48.

[7] 陈志，董敏杰，金碚．产业竞争力研究进展评述 [J]. 经济管理，2009 (9)：30－37.

[8] 段晓影．中国对外文化贸易发展存在的问题及原因分析 [J]. 中国市场，2015 (3)：28－29.

[9] 范周，杨矞．改革开放四十年中国文化产业发展历程与成就［J］．山东大学学报（哲学社会科学版），2018（4）：30－43.

[10] 方慧，尚雅楠．基于动态钻石模型的中国文化贸易竞争力研究［J］．世界经济研究，2012（1）：44－51.

[11] 郝景芳，马弘．引力模型的新进展及对中国对外贸易的检验［J］．数量经济技术经济研究，2012（10）：52－68.

[12] 胡渊，杨勇．贸易壁垒、消费成瘾性和电影进口［J］．南方经济，2015（9）：52－65.

[13] 花建．文化产业竞争力［M］．广州：广东人民出版社，2005.

[14] 花建．文化产业竞争力的内涵、结构和战略重点［J］．北京大学学报（哲学社会科学版），2005（2）：9－16.

[15] 花建．"一带一路"战略与提升中国文化产业国际竞争力研究［J］．同济大学学报（社会科学版），2016（5）：30－39.

[16] 贾晓朋，吕拉昌．文化贸易研究进展及展望［J］．中国流通经济，2015（12）：91－98.

[17] 蒋萍，王勇．全口径中国文化产业投入产出效率分析［J］．数量经济技术经济研究，2011（12）：69－81.

[18] 李怀亮，闫玉刚．当代国际文化贸易综论（上）［J］．河北学刊，2005，25（6）：113－119.

[19] 李嘉珊，任爽．"一带一路"战略背景下海外文化市场有效开拓的贸易路径［J］．国际贸易，2016（2）：62－66.

[20] 李小牧，李嘉珊．国际文化贸易：关于概念的综述和辨析［J］．国际贸易，2007（2）：41－44.

［21］刘洪铎，李文宇，陈和．文化交融如何影响中国与“一带一路”沿线国家的双边贸易往来——基于 1995 – 2013 年微观贸易数据的实证检验［J］. 国际贸易问题，2016（2）：3 – 13.

［22］刘慧，綦建红．我国文化产品出口增长的二元边际及其影响因素［J］. 国际经贸探索，2014（6）：28 – 43.

［23］刘晓鸥，孙圣明．消费理性成瘾、公共健康与政府行为［J］. 经济学季刊，2011（10）：349 – 366.

［24］刘杨，曲如晓和曾燕萍．哪些关键因素影响了文化产品贸易———来自 OECD 国家的经验证据［J］. 国际贸易问题，2013（11）：72 – 81.

［25］裴长洪，王镭．试论国际竞争力的理论概念与分析方法［J］. 中国工业经济，2002（4）：41 – 45.

［26］祈述裕．中国文化产业发展战略研究［M］. 北京：社会科学文献出版社，2008.

［27］钱学锋．企业异质性、贸易成本与中国出库增长的二元边际［J］. 管理世界，2008（9）：48 – 58.

［28］曲如晓，韩丽丽．中国文化商品贸易影响因素的实证研究［J］. 中国软科学，2010（11）：19 – 31.

［29］曲如晓，杨修，刘杨．文化差异、贸易成本与中国文化产品出口［J］. 世界经济，2015（9）：130 – 143.

［30］“世界主要经济体文化产业发展现状研究”课题组．世界主要经济体文化产业发展状况及特点［J］. 调研世界，2014（10）：3 – 7.

［31］孙晰晶．基于本地市场效应的中国电影产业经济分析及启示［D］. 北京：北京大学，2014.

［32］田丰．文化竞争力研究［M］. 北京：中国社会科学出

版社，2007.

［33］王婧．国际文化贸易［M］．清华大学出版社，2021.

［34］王晓芳．文化贸易理论文献综述［J］．北京联合大学学报（人文社会科学版），2013，10（4）：92－98.

［35］魏彦杰，钟娟，赵有广．文化产品贸易的同质化效应与发展中国家的角色［J］．财贸经济，2011（12）：13－25.

［36］肖帅，何艺．发达国家文化产业公共财政政策新趋势及对我国的启示［J］．调研世界，2015（23）：18－21.

［37］杨逢珉，李文霞．中国对日本农产品出口的三元边际分析［J］．上海对外经贸大学学报，2015（9）：21－35.

［38］杨连星．文化贸易出口持续期如何影响了出口品质［J］．国际贸易问题，2016（12）：39－51.

［39］叶南客．中国区域文化竞争力研究——走向文化强省的江苏之路［M］．南京：江苏人民出版社，2008.

［40］张翠玲．论美国文化政策对中国电影市场的影响［J］．电影文学，2013（15）：12－13.

［41］张海涛，张云，李怡．中国文化对外贸易发展策略研究［J］．财贸研究，2007（2）：46－50.

［42］赵丹，宋培义．我国电影院线行业市场结构分析与发展对策［J］．当代电影，2016（8）：98－102.

［43］赵彦云，余毅，马文涛．中国文化产业竞争力评价和分析［J］．中国人民大学学报，2006（4）：72－82.

［44］周升起，兰珍先．中国创意服务贸易及国际竞争力演进分析［J］．财贸经济，2012（1）：87－94.

［45］周升起，兰珍先．中国文化贸易研究进展述评［J］．国际贸易问题，2013（1）：117－130.

［46］宗毅君．出口二元边际对竞争优势的影响——基于中美 1992～2009 年微观贸易数据的实证研究［J］．国际经贸探索，2012（1）：24－33.

［47］Allen J. Scott. Cultural-products Industries and Urban Economic Development：Prospects for Growth and Market Contestation in Global Context［J］. Urban Affairs Review，2004，39（4）：23－27.

［48］A. Marvasti，E. Canterbury. Cultural and Other Barriers to Motion Pictures Trade［J］. Economic Inquiry，2005，43（1）：39－54.

［49］A. Marvasti. International Trade in Culture Goods：A Cross-section Analysis［J］. Journal of Cultural Economics，1994（18）：135－148.

［50］Andreu，Mas－Cofell. Should Cultural Goods Be Treated Differently［J］. Journal of Cultural Economies，1999（23）：87－93.

［51］Andrew B. Bernard，J. Bradford Jensen，Stephen J. Redding and Peter K. Schott. The Margins of US Trade［J］. The American Economic Review，2009，99（2）：487－493.

［52］Arlene Gold Bard，Don Adams. Cultural Policy in US History［J］. Cultural Democracy，1986（10）：35－45.

［53］Arpita Mukherjee. Cultural Diversity and Trade Liberalization：The Case of India［R］. Trade and Culture Issues in 2004，2004：66－80.

［54］Baldwin R.，Lopez，Gonzalez J. Supply－Chain Trade：A Portrait of Global Patterns and Several Testable Hypotheses［J］. The World Economy，2015，38（11）：1682－1721.

[55] Boisso D. and M. Ferrantino. Economic Distance, Cultural Distance and Openness in International Trade: Empirical Puzzles [J]. Journal of Economic Integration, 1997, 12 (4): 456 – 484.

[56] Bruce Kogut and Harbir Singh. The Effect of National Culture on the Choice of Entry Mode [J]. Journal of International Business Studies, 1988, 19 (3): 411 – 432.

[57] Cameron, S. Rational Addiction and the Demand for Cinema [J]. Applied Economic Letters, 1999, 6 (9): 617 – 620.

[58] C. Prahalad and G. Hamel. The Core Competence of the Corporation [J]. Harvard Business Review, 1999 (66): 79 – 91.

[59] David Hummels, Peter J. Klenow. The Variety and Quality of a Nation's Exports [J]. The American Economic Review, 2005, 95 (3): 704 – 723.

[60] Disdier A. C., Silvio H. T. Tai, Lionel Fontagne, Thierry Mayer. Bilateral Trade of Cultural Goods [J]. Review of World Economics, 2010, 145 (4): 575 – 595.

[61] D. Power. Cultural Industries In Sweden: An Assessment Of Their Place In The Swedish Economy [J]. Economic Geography, 2002, 78 (2): 103 – 127.

[62] Dunlevy J. A. The Impact of Corruption and Language on the Protrade Effect of Immigrants: Evidence from the American States [J]. Review Economy Statistics, 2006 (1): 18 – 19.

[63] Eckhard Janeba. International Trade and Cultural Identity [J]. National Bureau of Economic Research, 2004 (10): 403 – 426.

[64] Elhanan Helpman, Marc Melitz, Yona Rubinstein. Esti-

mating Trade Flows: Trading Partners and Trading Volumes [J]. The Quarterly Journal of Economics, 2008, 123 (2): 441 -487.

[65] Frank Bjorn. A Note on the International Dominance of the U. S. in the Trade in Movies and Television Fiction [J]. Journal of Media Economics, 1992 (5): 31 -38.

[66] Frey Bruno S. , Werner W. Pommerehne. International Trade in Arts: Attitude and Behavior [J]. Artists and Cultural Consumers, 1987 (3): 28 -42.

[67] Gabriel J. Febermayr and Wilhelm Kohler. Exploring the Intensive and Extensive Margins of World Trade [J]. Review of World Economics, 2006, 142 (3): 704 -723.

[68] Gabriel J. Felbermay, Farid Tubal. Cultural Proximity and Trade [J]. European Economic Review, 2010 (54): 279 -293.

[69] Galperin Hernan. Cultural Industries in the Age of Free - Trade Agreements [J]. Canadian Journal of Communication, 1999, 24 (1): 41 -67.

[70] Gary S. Becker and Kevin M. Murphy. A Theory of Rational Theory [J]. Journal of Political Economy, 1988, 96 (4): 675 - 700.

[71] G. Danaher. The Region as Performance Space: A Distinctive Take on The Creative Industries, Studies in Learning [J]. Evaluation Innovation and Development, 2007, 4 (1): 11 -19.

[72] Gert Jan Linders, Arjen Slangen, Henri L. F. De Groot, Sjoerd Beugelsdijk. Cultural and Institutional Determinants of Bilateral Trade Flows [J]. Tinbergen Institute Discussion Pater, 2005 (3): 5 -74.

[73] Gert – Jan Linders. Culture Distance, Institutional Distance and International Trade [C]. Tinbergent Institute Discussion Paper, 2005.

[74] Grossman G M, Helpman E. Innovation and Growth in the Global Economy [M]. Massachusetts: MIT press, 1993: 809 – 843.

[75] Guntherg Schulze. International Trade in Art [J]. Journal of Cultural Economics, 1999 (23): 109 – 136.

[76] Hanson G. H. and Xiang C. The Home Market Effect and Bilateral Trade Patterns [J]. American Economic Reviews, 2004, 94 (4): 1108 – 1129.

[77] Hanson G. H. and Xiang C. Trade Barriers and Trade Flows with Product Heterogeneity: An Application to US Motion Picture Exports [J]. Journal of International Economics, 2011, 83 (1): 14 – 26.

[78] Hoskins Colin, McFadyen Stuart. Film and Television Co-production: Evidence from Canadian-European Experience [J]. European Journal of Communication, 1995, 10 (2): 221 – 243.

[79] Hoskins Colin., Mirus R. Reasons for US Dominance in the International Trade in Television Programmers [J]. Media Culture and Society, 1995 (10): 499 – 515.

[80] Hoskins Mirus. Global Television and Film——Introduction to Industry Economics [M]. London: Clarendon Press, 1988: 5 – 20.

[81] Jeffrey H. Bergstrand. The Gravity Equation in International Trade: Some Microeconomic Foundations and Empirical Evidence

[J]. The Reviews of Economics and Statistics, 1985, 67 (3): 474-481.

[82] Johnson J P, Lenartowicz T, Apud S. Cross-cultural Competence in International Business: Toward a Definition and a Model [J]. Journal of International Business Studies, 2006, 37 (4): 525-543.

[83] Joseph S., Nye J R. The Decline of American's Soft Power [J]. Foreign Affairs, 2004 (5-6): 16-20.

[84] Kim, S. and Park, D. Addictive Behavior in Cinema Demand: Evidence from Korea [J]. Economic Growth Centre Working Paper Series, 2010.

[85] Kogut B., Singh H. The Effect of National Culture on the Choice of Entry Mode [J]. Journal of International Business Studies, 1988, 19 (3): 411-432.

[86] Luigi Guiso, Paola Sapienza and Luigi Zingales. Does Culture Affect Economic Outcome? [J]. American Economic Review, 2005, 94 (3): 526-556.

[87] Maria Masood. New Evidence on Development and Cultural Trade: Diversification, Recon centration and Domination [J]. Politiques Development, 2014 (85): 1-26.

[88] Martin Shubik. Culture and Commerce [J]. Journal of Cultural Economics, 1999, 23 (1-2): 13-30.

[89] Marvasti A., Canterbery E. R. Cultural and Other Barriers to Motion Pictures Trade [J]. Economic Inquire, 2005, 43 (1): 39-54.

[90] Marvasti A, Canterbury E. Cultural and Other Barri ers to

Motion Pictures Trade [J]. Economic Inquiry, 2005, 43 (1): 39 - 54.

[91] Marvasti A. International Trade in Cultural Goods: A Cross-section Approach [J]. Journal of Cultural Economics, 1994 (18): 135 - 148.

[92] Marvasti A. Motion Pictures Industry: Economics of Scale and Trade [J]. International Journal of the Economics of Business, 2000, 7 (1): 99 - 114.

[93] McCain R. A. Cultivation of Taste and Bounded Rationality: Some Computer Simulations [J]. Journal of Cultural Economics, 1995, 19 (1): 1 - 15.

[94] Melitz Marc J. The Impact of Trade on Intra-industry Reallocations and Aggregate Industry Productivity [J]. Econometric, 2003, 71 (6): 1695 - 1725.

[95] M. Keane. Exporting Chinese Culture: Industry Financing Models in Film and Television [J]. Westminster Papers in Communication and Culture, 2005, 3 (1): 11 - 27.

[96] Myerscough John. The Economic Importance of the Arts in Great Britain [M]. London: Policy Studies Institute, 1988: 48 - 109.

[97] Oh Jeongho. International Trade in Film and the Self - Sufficiency Ratio [J]. Journal of Media Economics, 2001, 14 (1): 31 - 44.

[98] Porter M. E. The Competitive Advantage of Nations [J]. Harvard Business Review, 1990, 68 (2): 73 - 93.

[99] Power D. The Nordic "Cultural Industries": A Cross - National Assessment of the Place of the Cultural Industries in Denmark, Finland, Norway and Sweden [J]. Geografiska Annaler: Se-

ries B. , Human Geography, 2003, 85 (3): 167 –180.

[100] Rauch James E. , Trindade Vitor. Neckties in the Tropics: A Model of International Trade and Cultural Diversity [J]. Canadian Journal of Economics, 2009, 42 (3): 809 –843.

[101] Roger White and Bedassa Tadesse. Cultural Distance and the US Immigrant Trade Link [J]. The World Economy, 2008, 31 (8): 1078 –1096.

[102] Romer Paul. Endogenous Technological Change [J]. Journal of Political Economy, 1989 (5): 71 –102.

[103] Roth Kopf, David. In Praise of Cultural Imperialism [J]. Foreign Policy, 1997 (107): 38 –53.

[104] Schulze G. G. International Trade in Art [J]. Journal of Cultural Economics, 1999, 3 (1 –2): 109 –136.

[105] Shore Combo. Building Europe: The Cultural Politics of European Integration [M]. Routledge, 2013.

[106] Silva J. M. C. , Tenreyro S. The Log of Gravity [J]. The Review of Economics and Statistics, 2006, 88 (4): 641 –658.

[107] Singh J. P. Agents of Policy Learning and Challenge: Perspectives on Cultural Trade Policy [J]. Journal of Arts Management, 2007 (38): 141 –160.

[108] Siwek S. , Wildman S. International Trade in Films and Television Programs [M]. Washington D. C: Ballinger Publishing Company, 1988: 5 –27.

[109] Slvio H. T. Tal, Thierry Mayer. Bilateral Trade of Cultural Goods [J]. ESPII: Working Paper, 2007 (20): 28 –29.

[110] Theodor Adorno, Max Horkheimer. The Culture Industry:

Enlightenment as Mass Deception [J]. Dialektik der Aufklarung, 1946 (1): 71-101.

[111] Throsby, David. Cultural Capital [J]. Journal of Cultural Economics, 1999 (23): 3-12.

[112] Van Grasstek C. Treatment of Cultural Goods and Services in International Trade Agreements [J]. Trends in Audiovisual Markets: Regional Perspectives from the South, 2006 (5): 89-153.

[113] Wildman S., Siwek S. International Trade in Films and Television Programs [J]. American Enterprise Institute for Public Policy Research, 1988, 11 (4): 118-121.

附件1　2009年联合国教科文组织文化统计框架

附表1－1　2007年协调制度（HS）代码定义的文化产品和服务国际贸易内容

文化产品			
领域	HS07	描述	SITC4
A. 文化和自然遗产			
古董	970500	具有动物学、植物学、矿物学、解剖学、历史学、人种学或钱币学意义的收藏品	89650 *
	970600	年成超过一百年的古董	89660
B. 表演和庆祝活动			
乐器	830610	钟、锣等	69952
	920110	直立式钢琴	89813
	920120	平台式钢琴	
	920190	羽管键琴及其他键盘弦乐器（钢琴除外）	
	920210	其他用琴弓演奏的弦乐器（如小提琴、竖琴）	89815
	920290	吉他、竖琴及其他弦乐器（键盘乐器和用琴弓演奏的乐器除外）	
	920510	铜管乐器（如单簧管、风笛）	89823
	920590	管乐器（铜管乐器除外）	
	920600	打击乐器（如鼓、木琴、铙钹、响板、沙球）	89824
	920710	除手风琴之外的键盘乐器	89825
	920790	手风琴和无键盘的乐器，该类乐器必须依靠电能发声或放大声音	89826
	920810	音乐盒	89829
	920890	游乐场风琴、街头电子风琴、机械鸟鸣器、锯琴及其他乐器；各种诱鸟乐器；哨子、号角及其他用嘴吹的指示乐器	

续表

文化产品			
领域	HS07	描述	SITC4
录制媒介[1]	852321	磁卡	89842
	852329	用于录音或其他用途的磁性媒介（磁卡和37章中的产品除外）	
	852351	固态且不易丢失数据的存储设备用于录音或其他用途的半导体媒介	89846
	852359		
	852380	用于录音或其他用途的唱片和其他媒介，无论其是否已经录制（包括生产唱片的母版和母带）	89849
	490400	印刷或手写的乐谱（无论是受约束的还是有插图的）	89285
C. 视觉艺术和手工艺			
绘画	970110	完全手绘的油画、素描和蜡笔画，而不是4906所属的内容，也不是手工喷绘或装饰的作品、拼贴画和类似的饰板	89611
	970190	拼贴画和类似的饰板	89612
	491191	图片、设计和照片[2]	89287
其他视觉艺术	970200	原版的雕刻、印刷和石印品	89620
	970300	任何材料制成的原版雕像和塑像	89630
	392640	小雕像及其他塑料装饰品	89399 *
	442010	木质小雕像及其他装饰品	63549 *
	442090	木质镶嵌细工和镶嵌木；装首饰、餐具或类似物件的木盒；木质家具	
	691310	小雕像和其他装饰性陶瓷制品	66621
	691390	小雕像和其他装饰性陶器（瓷器除外）	66629
	701890	玻璃制品（包括小雕像）	66593 *
	830621	由贱金属铸成、但镀有贵金属的小雕像及其他装饰品	69782 *
	830629	由贱金属铸成、未镀贵金属的小雕像及其他装饰品（艺术品、收藏品和古董除外）	
	960110	已加工过的象牙和象牙制品	89911 *
	960190	兽骨、龟甲、兽角、鹿角、珊瑚、珠母层和其他动物雕刻材料，以及这些材料制成的物品（包括铸造品）	

续表

文化产品			
领域	HS07	描述	SITC4
手工艺	580500	哥白林、佛兰德斯、欧巴松、博韦等品牌商生产的手织挂毯和针织挂毯	65891
	580610	窄幅机织物：起毛织物（包括毛巾织物和类似织物）和绳绒线织物	65611
	580620	窄幅机织物：其他织物（所含纱线或橡胶线的重量超过5%）	65612
	580631	窄幅机织物：其他棉织品	65613
	580632	窄幅机织物：其他人造纤维织物	
	580639	窄幅机织物：用其他纺织材料制成的织物	
	580640	有经纱而无纬纱、经贴合而成的织物（经线贴合带织物）	65614
	580810	织物镶边；无刺绣的织物装饰；非针织或钩织物	65632
	580890	其他织物镶边；无刺绣的织物装饰；非针织或钩织物	
	580900	金属线织物和5605类产品中镀有金属的织物，它们在服装上用作装饰或类似目的	65491
	581010	条纹或图案刺绣织物，其底坯不可见	65651
	581091	条纹或图案刺绣织物：其他棉质刺绣	65659
	581092	条纹或图案刺绣织物：其他人造纤维刺绣	
	581099	条纹或图案刺绣织物：其他纺织材料刺绣	
	581100	絮棉的纺织品	65740
	600240	宽度不超过30厘米的针织物或钩织物（所含纱线的重量超过5%，不含橡胶线）	65521
	600290	其他宽度不超过30厘米的针织物或钩织物（所含纱线或橡胶线的重量超过5%）	
	600310	宽度不超过30厘米的羊毛或动物细毛针织物或钩织物	
	600320	宽度不超过30厘米的棉质针织物或钩织物	
	600330	宽度不超过30厘米的合成纤维针织物或钩织物	
	600340	宽度不超过30厘米的人造纤维针织物或钩织物	
	600390	其他宽度不超过30厘米的针织物或钩织物	
	600410	宽度超过30厘米的针织物或钩织物（所含纱线的重量超过5%，不含橡胶线）	65522
	600490	其他宽度超过30厘米的针织物或钩织物（所含纱线或橡胶线的重量超过5%）	

续表

文化产品			
领域	HS07	描述	SITC4
首饰	711311	银质首饰（无论镀有其他贵金属与否）	89731
	711319	由其他贵金属铸造的首饰（无论镀有贵金属与否）	
	711320	由贱金属铸造、镀贵金属的首饰	
	711411	金匠或银匠打造的银器（无论镀有其他贵金属与否）	89732
	711419	金匠或银匠打造的其他贵金属首饰（无论镀有贵金属与否）	
	711420	金匠或银匠打造的镀有贵金属的贱金属首饰	
	711610	天然或人工养殖的珍珠制的首饰	89733
	711620	珍稀或半珍稀的宝石制品（天然的、合成的或按原样修复的）	
摄影	370510	已曝光或冲洗的感光片和胶卷（而非用于胶印的电影胶片）	88260 *
	370590	已曝光或冲洗的感光片和胶卷（不用于胶印）	
D. 书籍和报刊			
书籍	490110	印刷版读物、手册、小册子及类似的印刷品（无论是单页的还是折叠的）	89215
	490191	辞典和百科全书等系列出版物	89216
	490199	印刷版书籍、手册及类似印刷品	89219
报纸	490210	报纸、杂志和期刊（无论是否带有插图或广告，每周出版四次）	89221
	490290	其他报纸、杂志和期刊	89229
其他印刷品	490300	儿童图画或彩色书籍	89212
	490591	装订成书的地图、水路图或类似的各种图表	89213
	490510	全球地图、水路图或类似的各种图表	89214
	490599	其他各种地图、水路图或类似的图表	
	490900	印刷版或带有插图的明信片；印刷版的贺卡	89242
	491000	各种印刷版的日历（包括日历座）	89284
E. 音像和交互媒体			
电影和视频	370610	已曝光和冲洗的电影胶片（无论其是否有音轨或只有宽于35毫米的音轨）	88310
	370690	已曝光和冲洗的电影胶片（无论其是否有音轨或只有宽度小于35毫米的音轨）	88390
	950410	电视游戏	89431

续表

文化产品			
领域	HS07	描述	SITC4
F. 设计和创意服务			
建筑和设计	490600	用于建筑、工程、工业、商业、地形学用途及类似用途的原版手绘图；手写文本；上述图文的影印版和复印件	89282*
相关文化产品			
G. 旅游业[3]			
H. 体育与娱乐[4]			

注：

1. 包括已录制的和未录制的媒介。需要将有的项目排除掉，而有的则应该归入扩展的类别。
2. 设计不应该包括在这一范畴，而应属于F领域（设计和创意服务）。
3. 游客购买的文化产品已经归入了从A到F的相关领域。
4. 不包含体育和娱乐产品。文化实践也属于具有文化的属性。所有的体育和娱乐产品都被视为装备材料。

星号（*）表示其他所有跟该主题相关的产品都应该包括进来。

附表1-2　　文化产品的装备和辅助材料

领域	HS07	描述	SITC 4
B. 表演和庆祝活动			
庆祝活动	950510	圣诞节产品	89445
	950590	节日、嘉年华或其他娱乐物品（包括魔术表演和恶作剧玩具）	89449
	950810	巡回马戏团和巡回动物园[1]	89460*
音乐	851920	通过硬币、纸币、银行卡、辅币或其他方式付款的自助录音设备	76331
	851930	唱盘（唱片放音装置）	76335
	851810	麦克风及其支架	76421
	851821	安装在音箱中的单个喇叭	76422
	851822	安装在同一个音箱中的多个喇叭	
	851829	其他麦克风及支架	76423
	851830	头戴式耳机和入耳式耳机（无论是否附有麦克风）以及带有一个麦克风和一个以上扩音器的装置	76424
	851840	音频电扩音器	76425
	851850	电力扩音装置	76426

续表

领域	HS07	描述	SITC 4
音乐	920930	乐器弦	89890
	920991	钢琴的部件和配件	
	920992	9202 类乐器的部件和配件	
	920994	9207 类乐器的部件和配件	
	920999	乐器的部件和配件“例如机械乐器的音乐盒、卡、唱片、滚乐装置”；各种节拍器、音叉和律管	
C. 视觉艺术和手工艺			
摄影	370120	快速印片用胶片[2]	88220*
	370130	其他感光板和胶卷，任何一面超过 255 毫米	
	370191	已作感光处理、但还未曝光的彩色照片感光片和胶卷	
	370199	已作感光处理、但还未曝光的黑白照片感光片和胶卷，其材料不是纸、纸板或纺织品（任何一面超过 255 毫米的 X 光片、感光片、胶卷和快速印片用胶片除外）	
	3702	已作感光处理、但还未曝光的胶卷，其材料不是纸、纸板或纺织品[3]	88230*
	3703	已作感光处理、但还未曝光的照相纸、纸板和纺织品[4]	88240*
	370400	已曝光但还未冲洗的照相纸、纸板和纺织品	88250
	370710	感光乳剂	88210
	370790	其他用于照片制作的化学产品	
	9006	照相机（电影摄像机除外）及其配件[5]	8811*
	901010	照片（包括电影胶片）自动冲洗装备、用于自动曝光和冲洗的胶卷和卷纸	88135
	901050	摄影（包括电影）工作室的其他仪器和装备；底片观察盒	
	901060	投影仪银屏	
	901090	摄影工作室的仪器和装备的部件和配件	88136
D. 书籍和报刊			
	844314 844315	带有显微阅读器的凸版印刷机（苯胺印刷除外）；不带显微阅读器的凸版印刷机（苯胺印刷除外）	72661
	834316	苯胺印刷机	72663
	834317	凹版印刷机	72665

续表

<table>
<tr><th>领域</th><th>HS07</th><th>描述</th><th>SITC 4</th></tr>
<tr><td colspan="4">E. 音像和交互媒体</td></tr>
<tr><td rowspan="14">音像</td><td>852110</td><td>视频录制和复制仪器、磁带</td><td>76381</td></tr>
<tr><td>852190</td><td>视频录制和复制仪器（无论是否带有视频调谐器，磁带和录像机除外）</td><td>76384</td></tr>
<tr><td>852550</td><td>传输设备</td><td>76431</td></tr>
<tr><td>852560</td><td>带有接受设备的传输设备</td><td>76432</td></tr>
<tr><td>852580</td><td>电视摄像机、数码摄像机和视频录像机</td><td>76484</td></tr>
<tr><td>8527</td><td>无线电广播接收器（无论是否带有录音或复制装置和钟表）</td><td>762</td></tr>
<tr><td>8528</td><td>显示器、投影仪（不带电视接收器）；电视接收器（无论是否带有无线电广播接收器或音/视频录制和复制装置）</td><td>761</td></tr>
<tr><td>9007</td><td>电视摄影机和投影仪（无论是否带有音频录制或复制装置）</td><td>8812</td></tr>
<tr><td>900820</td><td>缩微胶卷、缩微胶片或其他微型阅读器（无论是否能够复制）</td><td>88131</td></tr>
<tr><td>900810</td><td>图像投影仪</td><td rowspan="2">88132</td></tr>
<tr><td>900830</td><td>其他图像投影仪</td></tr>
<tr><td>900840</td><td>照片（而非电影）放大器和缩微器</td><td>88133</td></tr>
<tr><td>900890</td><td>9008 类图像投影仪的部件和配件</td><td>88134</td></tr>
<tr><td rowspan="8">计算机及相关装备</td><td>847130</td><td>便携式自动数据处理器</td><td>75220</td></tr>
<tr><td>847141</td><td>其他自动数据处理器（至少同时包含中央处理器、输入和输出设备）</td><td rowspan="3">75230</td></tr>
<tr><td>847149</td><td>其他以系统形式呈现的自动数据处理器</td></tr>
<tr><td>847150</td><td>847141 和 847149 两个子类之外的其他处理器，无论它们是否拥有以下设备中的一项或两项：存储设备、输入设备、输出设备</td></tr>
<tr><td>847160</td><td>输入或输出设备（无论是否同时具有存储设备）</td><td>75260</td></tr>
<tr><td>847170</td><td>存储设备</td><td>75270</td></tr>
<tr><td>847180</td><td>自动数据处理器的其他设备</td><td>75280</td></tr>
<tr><td>847330</td><td>8471 类仪器的部件和配件</td><td>75997</td></tr>
</table>

注释：

1. 只包括巡回马戏团和巡回动物园（不包括 950890 号代码）。
2. 不包括感光片和 X 光片（370110 号代码）。
3. 不包括制作 X 光片的感光片（370210 号代码）。
4. 只包括照片。
5. 不包括特殊设计的照相机，比如医学检查照相机（900630 号代码）。

星号（ * ）表示其他所有跟该主题相关的产品都应该包括进来。

附表 1-3　　相关产品的装备和辅助材料

<table>
<tr><td colspan="4">G. 旅游业</td></tr>
<tr><td></td><td>890110</td><td>游轮</td><td>78328</td></tr>
<tr><td colspan="4">H. 体育和娱乐</td></tr>
<tr><td rowspan="17">体育运动</td><td>950611</td><td>滑雪</td><td rowspan="3">89473</td></tr>
<tr><td>950612</td><td>滑雪扣件</td></tr>
<tr><td>950619</td><td>冬季运动滑雪装备（滑雪和滑雪扣件除外）</td></tr>
<tr><td>950621</td><td>帆板</td><td rowspan="2">89474</td></tr>
<tr><td>950629</td><td>水撬板、冲浪板、帆板及其他水上运动装备（帆板除外）</td></tr>
<tr><td>950631</td><td>俱乐部</td><td rowspan="3">89475</td></tr>
<tr><td>950632</td><td>舞会</td></tr>
<tr><td>950639</td><td>高尔夫装备（舞会和俱乐部除外）</td></tr>
<tr><td>950640</td><td>乒乓球运动装备</td><td rowspan="5">89479</td></tr>
<tr><td>950661</td><td>草地网球</td></tr>
<tr><td>950662</td><td>可充气的球</td></tr>
<tr><td>950669</td><td>其他球类（高尔夫球和乒乓球除外）</td></tr>
<tr><td>950699</td><td>其他通用体育锻炼装备</td></tr>
<tr><td>950651</td><td>草地网球球拍</td><td rowspan="2">89476</td></tr>
<tr><td>950659</td><td>羽毛球拍及类似球拍，无论是否上弦（网球拍和乒乓球拍除外）</td></tr>
<tr><td>950670</td><td>溜冰鞋和旱冰鞋</td><td>89472</td></tr>
<tr><td>950691</td><td>通用体育锻炼装备</td><td>89478</td></tr>
<tr><td rowspan="5">体育和娱乐</td><td>890310</td><td>可充气的游船或运动船只</td><td>79311</td></tr>
<tr><td>890391</td><td>帆船</td><td>79312</td></tr>
<tr><td>890392</td><td rowspan="2">摩托艇及其他游艇</td><td rowspan="2">79319</td></tr>
<tr><td>890399</td></tr>
<tr><td>950890</td><td>旋转木马、秋千、射击场及其他露天游乐场娱乐设备；巡回剧院[1]</td><td>89460</td></tr>
<tr><td>博彩</td><td>950490</td><td>赌场用桌、自动保龄球场装备及其他游乐场、桌上或室内游戏装备，包括弹球机（通过硬币、纸币、光盘或类似物品驱动的台球、电视游戏和扑克游戏除外）</td><td>89439</td></tr>
</table>

注：

1　不包括巡回马戏团和巡回动物园（9508.10）。

附件2　中国《文化及相关产业分类（2018）》

在《文化及相关产业分类（2012）》实施后，曾把全部分类内容进一步组合成文化制造业、文化批发和零售业、文化服务业，从产业链条的生产、流通和服务等环节来反映文化建设和文化体制改革情况。为保持已有统计数据的连贯性，本次修订后将继续保留三个产业类别的划分。对应本分类，这三个产业类别包含的行业小类如附表3-1所示。

本分类以《国民经济行业分类》（GB/T 4754—2017）为基础，根据文化生产活动的特点，将行业分类中相关的类别重新组合，是《国民经济行业分类》的派生分类。

本分类与《文化及相关产业分类（2012）》相比，大类由10个修订为9个、中类由50个修订为43个，小类由120个修订为146个（其中新增12个，因执行《国民经济行业分类》（GB/T 4754—2017）增加15个，删除1个）。其中，带“*”的小类由23个修订为18个（其中新增9个，因执行《国民经济行业分类》（GB/T 4754—2017）减少13个，删除1个）。

本分类新增加了分类编码，将文化及相关产业划分为三层，分别用阿拉伯数字编码表示。第一层为大类，用01~09数字表示，共有9个大类；第二层为中类，用3位数字表示，共有43

个中类；第三层为小类，用4位数字表示，共有146个小类。编码规则参照《国民经济行业分类》(GB/T 4754—2017)。

本分类建立了与《国民经济行业分类》(GB/T 4754－2017)的对应关系。在本分类中，如国民经济某行业小类仅部分活动属于文化及相关产业，则在行业代码后加"＊"做标识，并对属于文化生产活动的内容进行说明；如国民经济某行业小类全部纳入文化及相关产业，则小类类别名称与行业类别名称完全一致。

附表2－1　　文化及相关产业的产业类别划分

产业类别	小类名称	行业分类代码	小类名称	行业分类代码
文化制造业	雕塑工艺品制造	2431	专业音响设备制造	3934
	金属工艺品制造	2432	应用电视设备及其他广播电视设备制造	3939
	漆器工艺品制造	2433	电影机械制造	3471
	花画工艺品制造	2434	娱乐用智能无人飞行器制造	3963*
	天然植物纤维编织工艺品制造	2435	幻灯及投影设备制造	3472
	抽纱刺绣工艺品制造	2436	照相机及器材制造	3473
	地毯、挂毯制造	2437	舞台及场地用灯制造	3873
	珠宝首饰及有关物品制造	2438	音响设备制造	3952
	其他工艺美术及礼仪用品制造	2439	露天游乐场所游乐设备制造	2461
	陈设艺术陶瓷制造	3075	游艺用品及室内游艺器材制造	2462
	园艺陶瓷制造	3076	其他娱乐用品制造	2469
	文化用机制纸及纸板制造	2221*	中乐器制造	2421
	手工纸制造	2222	西乐器制造	2422
	油墨及类似产品制造	2642	电子乐器制造	2423
	工艺美术颜料制造	2644	其他乐器及零件制造	2429
	文化用信息化学品制造	2664	文具制造	2411

续表

产业类别	小类名称	行业分类代码	小类名称	行业分类代码
文化制造业	书、报刊印刷	2311	笔的制造	2412
	本册印制	2312	墨水、墨汁制造	2414
	包装装潢及其他印刷	2319	玩具制造	2451～2456
	装订及印刷相关服务	2320		2459
	记录媒介复制	2330	焰火、鞭炮产品制造	2672
	印刷专用设备制造	3542	电视机制造	3951
	复印和胶印设备制造	3474	影视录放设备制造	3953
	广播电视节目制作及发射设备制造	3931	可穿戴智能文化设备制造	3961*
	广播电视接收设备制造	3932	其他智能文化消费设备制造	3969*
	广播电视专用配件制造	3933		
文化批发和零售业	图书批发	5143	广播影视设备批发	5178
	报刊批发	5144	照相器材零售	5248
	音像制品、电子和数字出版物批发	5145	舞台照明设备批发	5175*
	图书、报刊零售	5243	乐器批发	5147
	音像制品、电子和数字出版物零售	5244	乐器零售	5247
	首饰、工艺品及收藏品批发	5146	文具用品批发	5141
	珠宝首饰零售	5245	文具用品零售	5241
	工艺美术品及收藏品零售	5246	家用视听设备批发	5137
	艺术品、收藏品拍卖	5183	家用视听设备零售	5271
	艺术品代理	5184	其他文化用品批发	5149
	文化贸易代理服务	5181*	其他文化用品零售	5249
文化服务业	新闻业	8610	电影和广播电视节目发行	8750
	报纸出版	8622	电影放映	8760
	广播	8710	艺术表演场馆	8820
	电视	8720	互联网文化娱乐平台	6432*
	广播电视集成播控	8740	文化投资与资产管理	7212*
	互联网搜索服务	6421	文化企业总部管理	7211*

续表

产业类别	小类名称	行业分类代码	小类名称	行业分类代码
文化服务业	互联网其他信息服务	6429	文化产业园区管理	7221*
	图书出版	8621	歌舞厅娱乐活动	9011
	期刊出版	8623	电子游艺厅娱乐活动	9012
	音像制品出版	8624	网吧活动	9013
	电子出版物出版	8625	其他室内娱乐活动	9019
	数字出版	8626	游乐园	9020
	其他出版业	8629	其他娱乐业	9090
	影视节目制作	8730	城市公园管理	7850
	录音制作	8770	名胜风景区管理	7861
	文艺创作与表演	8810	森林公园管理	7862
	群众文体活动	8870	其他游览景区管理	7869
	其他文化艺术业	8890	自然遗迹保护管理	7712
	动漫、游戏数字内容服务	6572	动物园、水族馆管理服务	7715
	互联网游戏服务	6422	植物园管理服务	7716
	多媒体、游戏动漫和数字出版软件开发	6513*	休闲观光活动	9030
	增值电信文化服务	6319*	观光游览航空服务	5622
	其他文化数字内容服务	6579*	摄影扩印服务	8060
	图书馆	8831	版权和文化软件服务	7520*
	档案馆	8832	会议、展览及相关服务	7281~7284
	文物及非物质文化遗产保护	8840		7289
	博物馆	8850	文化活动服务	9051
	烈士陵园、纪念馆	8860	文化娱乐经纪人	9053
	互联网广告服务	7251	其他文化艺术经纪代理	9059
	其他广告服务	7259	婚庆典礼服务	8070*
	建筑设计服务	7484*	票务代理服务	7298
	工业设计服务	7491	休闲娱乐用品设备出租	7121

续表

产业类别	小类名称	行业分类代码	小类名称	行业分类代码
文化服务业	专业设计服务	7492	文化用品设备出租	7123
	图书出租	7124	社会人文科学研究	7350
	音像制品出租	7125	学术理论社会(文化)团体	9521*
	有线广播电视传输服务	6321	文化艺术培训	8393
	无线广播电视传输服务	6322	文化艺术辅导	8399*
	广播电视卫星传输服务	6331		

注:星号(*)表示其他所有跟该主题相关的产品都应该包括进来。

后　记

自2011年博士毕业以后，我的研究兴趣逐渐转向文化产品国际竞争力，至今已十载有余。随着研究工作的逐步推进，我对文化产业的认识也在不断深入。其间，陆续发表了一些成果，并产生了想要完成一本有关文化产品国际竞争力专著的想法。2018年在英国剑桥大学的访学经历更加坚定了我的想法。剑桥是全球最著名的旅游城市之一，各国游人纷至沓来，感受英伦文化。每当清晨漫步于英国剑桥宁静的街道，用手触摸那些古老的建筑时，我不禁在想，这就是文化的魅力啊，这才是可以传给子孙后代永不枯竭的财富啊。发展文化产业是一个可持续性，综合效益极高，能够提升国家形象、国家软实力的重要手段，这更加坚定了我探索中国文化产品国际竞争力的决心。

文化是人们情感交流与价值共鸣的重要载体，文化贸易是促进文化交流与传播的重要方式，是实现中华文化"走出去"的重要渠道，是实现中外民心相通的重要纽带。作为全球拥有最璀璨文化历史资源的国家之一，中国完全有潜力成为文化强国。改革开放以来，我国对外文化贸易规模稳步增长，目前已成为全球最大的文化产品出口国。如何促进文化产品结构持续优化，增加高附加值文化产品出口在文化贸易中的比重，提高我国文化产品国际竞争力，是未来我国文化贸易发展的目标。本书试图以国际贸易理论和文化经济学理论为基础，采用定性和定量相结合的研究方法，探索中国文化产品国际竞争力的现状及其影响因素，为构建科学有效的文化政策体系提供理论依据和经验支撑。

回首过去十载的研究历程，心中充溢着感激之情。感谢我的先生杨勇、我的孩子杨知贤，他们不仅理解并支持我的工作，还在生活中给我带来无尽的欢乐，给予我前进的动力。感谢经济科学出版社编辑及其他人员的热心帮助和细致工作，使本书得以顺利问世。本书的出版得到教育部人文社科研究一般项目（18YJA790035）的资助。

在写作过程中，也存有不少遗憾，比如数字经济发展如火如荼，数字技术如何赋能文化产业？如何把握数字经济发展趋势和规律，培育文化贸易竞争新优势？这将成为未来文化贸易研究的热点问题。由于本人认知能力和研究水平有限，书中难免有些错误和遗漏，敬请读者朋友批评指正。